Breve introdução à
metafísica

Anna Marmodoro
Erasmus Mayr

Breve introdução à
metafísica

Tradução
Raquel Tonini Schneider

Edições Loyola

Título original:
Breve introduzione alla metafisica
© 2017 by Carocci editore, Roma
Corso Vittorio Emanuele II, 229 – 00186 Rome – Italy
ISBN 978-88-430-8810-2

Dados Internacionais de Catalogação na Publicação (CIP)
(Câmara Brasileira do Livro, SP, Brasil)

Marmodoro, Anna
Breve introdução à metafísica / Anna Marmodoro, Erasmus Mayr ; tradução Raquel Tonini Schneider. -- São Paulo, SP : Edições Loyola, 2023. -- (Fundamentos filosóficos ; 1)

Título original: Breve introduzione alla metafisica.
Bibliografia.
ISBN 978-65-5504-297-9

1. Metafísica 2. Filosofia I. Mayr, Erasmus. II. Título. III. Série.

23-171682   CDD-110

Índices para catálogo sistemático:
1. Metafísica : Filosofia   110

Tábata Alves da Silva - Bibliotecária - CRB-8/9253

Preparação: Paulo Fonseca
Capa: Ronaldo Hideo Inoue
Composição sobre a imagem
de © Sergii | Adobe Stock.
Diagramação: Sowai Tam
Fotografia na p. 163: © Böhringer Friedrich, Wikimedia Commons, publicada sob a licença Creative Commons. Disponível em: <https://commons.wikimedia.org/wiki/File:Domplatz_4,_Feldkirch_Bezirkshauptmannschaft,_Stiegenhaus_2.jpg>.

Edições Loyola Jesuítas
Rua 1822 nº 341 – Ipiranga
04216-000 São Paulo, SP
T 55 11 3385 8500/8501, 2063 4275
editorial@loyola.com.br
vendas@loyola.com.br
www.loyola.com.br

Todos os direitos reservados. Nenhuma parte desta obra pode ser reproduzida ou transmitida por qualquer forma e/ou quaisquer meios (eletrônico ou mecânico, incluindo fotocópia e gravação) ou arquivada em qualquer sistema ou banco de dados sem permissão escrita da Editora.

ISBN 978-65-5504-297-9

© EDIÇÕES LOYOLA, São Paulo, Brasil, 2023
100020

Sumário

Introdução	7
1. A substância	9
1.1. Introdução	9
1.2. Substâncias e propriedades	17
1.3. Substrato ou conjunto de propriedades?	21
1.4. O hilemorfismo de Aristóteles	26
1.5. Persistência da substância	31
1.6. Conclusões	35
2. Propriedades e relações	37
2.1. Introdução	37
2.2. As propriedades existem? Realismo *versus* nominalismo	38
2.3. Propriedades disposicionais (poderes) e propriedades categóricas	46
2.4. Os poderes são propriedades genuínas e irredutíveis?	51
2.5. Pode haver um mundo apenas de poderes *puros*?	56
2.6. Relações e propriedades monádicas	61
2.7. Conclusões	66
3. A modalidade	67
3.1. Introdução	67
3.2. O essencialismo de Aristóteles	70
3.3. Críticas ao essencialismo e à necessidade não lógica	73

3.4. O retorno da necessidade *de re* e do essencialismo 80
   3.4.1. Mundos possíveis 80
   3.4.2. Necessidade *a posteriori* 87
3.5. Modalidade e poderes 91
3.6. Conclusões 95

4. A causalidade 97
4.1. Introdução 97
4.2. Alguns desenvolvimentos neo-humianos 102
4.3. A teoria da causalidade de Aristóteles 112
4.4. Podemos explicar a causalidade como exercício de poderes ativos e passivos? 118
4.5. Causalidade Mental 122
4.6. Conclusões 130

5. Determinismo e livre-arbítrio 133
5.1. Introdução 133
5.2. Uma breve história do compatibilismo e do incompatibilismo 136
5.3. O Argumento da Consequência 141
5.4. Responsabilidade moral e livre-arbítrio 148
5.5. O livre-arbítrio e o *novo disposicionalismo* 156
5.6. Conclusões 162

Conclusões 163

Bibliografia 165

Introdução

O desejo de entender por que as coisas no mundo são como são, e por que mudam, está profundamente enraizado na natureza humana, como observaram muitos filósofos desde Aristóteles. Esse desejo de compreender as causas do que acontece na natureza se manifestou de diferentes maneiras na história do pensamento. Duas são as principais: por um lado, o modo empírico da ciência e, por outro lado, o modo especulativo da filosofia. A metafísica é o ramo da filosofia que estuda a estrutura fundamental do mundo, que é necessária e imutável mesmo se as coisas no mundo mudam. Este livro é uma breve introdução, com notas históricas, à metafísica. É uma introdução necessariamente limitada a uma seleção de questões, não podendo ser exaustiva. Os temas sobre os quais nos concentraremos são: substância, propriedades, modalidade, causalidade e livre-arbítrio. Esses temas têm sido estudados e debatidos na história da filosofia desde suas origens. Neste volume não podemos pretender oferecer uma apresentação exaustiva das questões e das posições no debate existente sobre nossos cinco temas; no entanto, queremos dar ao leitor, pelo menos, uma noção do porquê esses temas exerceram um fascínio irresistível sobre muitas gerações de filósofos, e continuam a exercê-lo. Deixamos em aberto – e convidamos o leitor a pensar sobre isso – a questão de saber se houve ou não progresso na compreensão dessas questões, desde a época de Platão e Aristóteles, até a nossa. Aproveite a leitura!

Agradecimentos

Este livro foi concebido e iniciado na British School, em Roma, em 2015, e concluído no Harry Wilks Study Center, em Cuma, em 2016. Entre estes dois locais e datas, o trabalho continuou em Oxford e Erlangen, que são as instituições onde trabalhamos, respectivamente. A realização deste projeto não teria sido possível sem o entusiasmo e apoio do nosso editor Gianluca Mori; nossa excelente tradutora Giorgia Carta (sem a qual haveria muito mais anglicismos no livro do que o leitor encontrará); nosso eficiente assistente Matteo Grasso; estudantes e colegas internacionais que frequentaram nossos cursos em Roma e Cuma; o generoso apoio de várias instituições e, *last but not least*, o apoio de nossos amigos, entre os quais agradecemos especialmente Neil McLynn e Paul Pheby, com quem compartilhamos Roma e Cuma, e a música do ABBA.

1
A substância

1.1. Introdução

Imagine falar ao telefone com uma amiga que nunca foi ao seu apartamento e que lhe pede para listar tudo na sala onde você está estudando. Você começa a enumerar todas as coisas que estão lá: a escrivaninha; o computador; o poodle Fido que está sentado no sofá; seus livros e, assim por diante. Esta lista de itens parece ser a resposta *certa* para a pergunta da sua amiga. No entanto, você poderia ter dado a ela uma lista completamente diferente, ou adicionado outros elementos à primeira lista, como, por exemplo, o aroma do *curry* que você comeu no jantar, o latido de Fido, a luz do sol entrando pela janela e até a cor marrom da mesa. A primeira lista, no entanto, parece corresponder a uma forma mais natural de enumerar as coisas que estão na sua sala. Antes de tudo, porque todos os objetos elencados na primeira lista parecem compartilhar a mesma forma de estar na sala: os pratos de jantar, os livros e o computador estão na sala de uma maneira diferente daquela na qual sua respectiva cor está *na* sala. Ou, pelo menos, assim nos parece, intuitivamente. Além disso, objetos como a escrivaninha ou Fido parecem mais fundamentais do que a cor marrom da primeira ou a maciez do pelo do último, porque o fato de a cor e a suavidade estarem *na* sala depende de fato de que a escrivaninha e o Fido lá estejam: sem a escrivaninha, sua cor não estaria na sala, mas a escrivaninha ainda estaria lá, mesmo que a pintássemos de azul.

Tradicionalmente, na filosofia, pensamos nos objetos da primeira lista como *substâncias*, distintas das propriedades que lhes pertencem (como cor, tamanho ou textura etc.). A palavra latina *substantia* significa, literalmente, aquilo que *subjaz* ou *suporta* alguma outra coisa: as substâncias *sustentam* outras entidades que, de alguma forma, dependem delas. Claro, existem muitas maneiras diferentes de uma coisa depender de outra. Em certo sentido, a escrivaninha *depende* das suas partes, ou seja, de seu tampo, pernas etc. E essas partes, por sua vez, dependem de partes menores, até chegar aos átomos dos quais essas partes são compostas, e que são mais elementares que a escrivaninha, porque constituem a matéria da qual esta última é composta. Um dos significados da palavra substância evoca, precisamente, essa ideia de *matéria elementar* da qual todos os outros objetos consistem; é nesse sentido, por exemplo, que o filósofo pré-socrático Tales pensava que a substância do mundo fosse a água. De acordo com outra forma de conceber a dependência ontológica de um ente em relação a outro, uma substância é uma entidade que pode existir independentemente, e que não tem necessidade de outras entidades para existir. René Descartes, por exemplo, avançou nessa ideia de substância no artigo 51 da primeira parte de seus *Princípios de filosofia*. Permanece questionável se existem objetos materiais (átomos incluídos) que são substâncias neste sentido; talvez apenas Deus poderia ser considerado como uma substância neste sentido, e isso é, como algo do qual tudo depende. Por exemplo, Baruch Spinoza considerou Deus a única substância verdadeira existente.

Nenhum desses sentidos de substância, no entanto, é aquele segundo o qual sua mesa, seu computador ou Fido são substâncias. Esses objetos são substâncias porque são objetos individuais e específicos, portadores de propriedades que dependem deles. A ideia de que as propriedades não *se movem livremente* (*float freely*) no mundo, mas precisam de entidades para sustentá-las e às quais pertencem (assim como um predicado em uma frase precisa de um sujeito gramatical do qual é o predicado), é enormemente influente na história de filosofia. Tomemos, por exemplo, a seguinte passagem, escrita por John Locke, que homenageia essa ideia: "A ideia [...] à qual atribuímos o nome genérico de Substância e que não é outra senão o suporte suposto, mas desconhecido, dessas Qualidades que vemos existir e que imaginamos não poderem existir, *sine re substante*, sem algo que as sustente" (Locke, 1975, II, 23, 2, tradução nossa).

Sem entrar nos detalhes da teoria de Locke, o que nos interessa, nesse contexto, é a distinção entre duas das maneiras pelas quais a frase nessa passagem, *dessas Qualidades que vemos existir*, pode ser entendida. Os dois modos correspondem a duas formas diferentes em que as qualidades precisam de um *algo que as sustente*. Quando falamos de qualidade e propriedade, costumamos falar delas como se pudessem ser compartilhadas por vários objetos. Em nossa linguagem comum, dizemos, por exemplo, que a cor marrom do tampo da escrivaninha é a mesma da cadeira. Além disso (ou ainda, alternativamente), a essas propriedades comuns, que podem ser compartilhadas por diferentes objetos, muitos filósofos pensam que existem também propriedades específicas de objetos específicos (*tropos*[1]) que, por natureza, pertencem apenas a um objeto e não podem ser nem compartilhadas nem transferidas para outros objetos. Por exemplo, a cor marrom de sua escrivaninha é propriedade exclusiva de sua mesa; outro objeto pode possuir uma propriedade qualitativamente semelhante a ele, mas não exatamente essa mesma propriedade. Embora nem todos pensem que

---

[1] "[Do gr. *Trópos*.]. *S. m. pl. Filos*. Argumentos com que os céticos da Antiguidade pretendiam mostrar ser impossível atingir a verdade. – V. tropo". *Tropo*: "[Do grego *trópos*, 'desvio', pelo lat. *tropo*]. *S. m.* 1. *Gram.* Emprego de palavra ou expressão em sentido figurado. 2. *Mús.* V. tom (11). 3. *Mús.* Na música medieval, ampliação de um canto litúrgico de formação melismática, mediante acréscimos ou substituições. – V. tropos" (FERREIRA, Aurélio Buarque de Holanda, *Novo Dicionário Aurélio*, Rio de Janeiro, Nova Fronteira, 1975, 1415). (N. da T.)

a ideia de que tais propriedades específicas existam faça sentido, imaginemos por enquanto, que existam algumas propriedades comuns e outras específicas (tropos). Nesse caso, as propriedades específicas não existiriam sem um objeto específico que as suporte, justamente por serem propriedades de objetos específicos: a cor marrom da escrivaninha, entendida como propriedade específica, não existiria se a escrivaninha não existisse. No que diz respeito às propriedades comuns, entretanto, a questão não é tão clara: na literatura discute-se se tais propriedades possam existir independentemente de qualquer portador. Os platônicos supõem que elas podem existir *ante res*, enquanto os aristotélicos que elas podem existir apenas *in rebus*. Para usar uma fórmula neutra, que compreenda propriedades comuns e específicas, diremos que *no mundo* não haveria propriedades sem substâncias. Tal era a teoria de Aristóteles, a respeito do que ele chamava de substâncias primárias, ou seja, substâncias entendidas como objetos individuais, o que corresponde ao nosso terceiro sentido, em que um ente pode ser uma substância. Como escreve Aristóteles no início das *Categorias*, tudo o que não é em si uma substância primária existe apenas *em* uma substância. (Para um estudo mais aprofundado da teoria de Aristóteles, cf. seção 1.5)

Para concluir, as substâncias são geralmente entendidas como necessárias para ancorar as propriedades no mundo, porque fornecem o fundamento de sua existência, ou porque são necessárias para sua instanciação no mundo. O mesmo tipo de raciocínio pode ser aplicado, *mutatis mutandis*, às relações que conectam entre si coisas diferentes. *Ser mais alto que* não é uma propriedade que sua cadeira possa, por exemplo, possuir por si mesma. Ao contrário, é uma relação que só pode ser instanciada por dois objetos, como sua cadeira e sua mesa quando a primeira é mais alta que a segunda. As relações, assim como as propriedades, precisam de uma âncora no mundo; as substâncias têm essa função. (As propriedades e as relações serão discutidas de forma mais aprofundada no capítulo 2.) As maneiras semelhantes pelas quais as substâncias *estão na base* tanto das propriedades quanto das relações, não devem nos surpreender, porque em ambos os casos, a distinção entre substâncias e propriedades e substâncias e relações, foi modelada sobre a diferença linguística entre o sujeito e o predicado de uma frase, e sobre a *dependência* dos predicados e dos verbos relacionais do sujeito gramatical. Nem todos os sujeitos gramaticais são reconhecidos como substâncias genuínas e, como veremos no parágrafo seguinte, nem todos os predicados podem ser considerados como expressão de propriedades genuínas. No entanto, em geral, a relação substância/propriedade é tratada como o análogo ontológico da relação sujeito/predicado gramatical em uma frase.

No entanto, há também uma terceira categoria de entidades que, de acordo com um influente modo de pensar na história da filosofia, as substâncias *sustentam*. As substâncias são, enquanto portadoras de propriedades e relações, o que sustenta as mudanças (e correspondem aos sujeitos dos verbos que expressam mudança). Para poder sustentar as mudanças, as substâncias devem atender a pelo menos duas condições. A primeira condição é que devem perdurar no tempo. Assim, por exemplo, enquanto um súbito raio de luz *existe* apenas em um determinado momento – ele *acontece* neste momento – as substâncias, em geral, devem ser capazes de perdurar por um determinado período de tempo. Por exemplo, a escrivaninha não poderia mudar de cor se não existisse durante todo o tempo em que está sendo repintada. A segunda condição é que as substâncias devem poder possuir propriedades contrárias e estabelecer relações opostas (pelo menos para alguns pares de opostos): para mudar de cor, a escrivaninha deve ter a capacidade de ser marrom e a capacidade de não ser marrom e de possuir, ao invés, outra cor.

No entanto, nem todas as mudanças podem ser consideradas diretamente mudanças nas propriedades ou nas relações das substâncias que as suportam. Algumas mudanças (por exemplo, a construção de uma casa) parecem envolver a geração de uma substância; outras (por exemplo, a destruição de uma casa), o seu desaparecimento. Para entender essas mudanças em termos de mudanças nas propriedades das substâncias que as suportam, devemos encontrar substâncias adicionais que apoiem essas mudanças e que persistam durante elas (por exemplo, os tijolos de que é feita uma casa). Por enquanto, porém, concentrar-nos-emos nas mudanças *comuns*, ou seja, aquelas em que as substâncias não são nem criadas nem destruídas.

A ideia de que a substância seja o que suporta tais mudanças comuns já estava presente em Aristóteles, mas para mostrar sua enorme influência, será útil citar um grande cético da noção de substância, David Hume, que escreveu:

> Quando comparamos o estado [de um objeto] após uma mudança significativa [...] consequentemente [...] somos colocados diante da ideia de diversidade: para poder conciliar as contradições resultantes, a imaginação é capaz de simular algo desconhecido e invisível, que deve permanecer igual a si mesmo também através de todas essas variações; e tal coisa incompreensível chama-se *substância* (HUME, 1978, 220, tradução nossa).

As substâncias possuem uma característica adicional, que é mais evidente no termo grego geralmente traduzido como *substância*, ou seja, *ousia*. As substâncias individuais não são apenas totalidades arbitrárias – por exemplo, um monte de poeira que se formou em sua mesa, ou a pilha de livros de filosofia que caiu da prateleira ontem, não são substâncias. As substâncias possuem um princípio de unidade que as mantém juntas, permitindo-nos distingui-las de outros objetos e dizer o que é uma parte de uma substância particular, e o que não é. Este princípio unifica a substância não apenas em um momento específico, mas também diacronicamente; isto é, determina se uma substância continua a existir como numericamente a mesma coisa. (O perdurar no tempo das substâncias é importante, para que sejam capazes de suportar mudanças.) Qual é esse princípio de unidade do qual estamos falando? Segundo Aristóteles, isso deriva da natureza ou essência da substância. A essência de uma substância (à qual voltaremos mais adiante de modo mais aprofundado) é um subconjunto de propriedades sem as quais uma substância não pode ser mais do que é, ou continuar a existir[2]. (Observe-se, no entanto, que nem todas as propriedades são assim: algumas pode-se adquirir e perder, e a substância permanece a mesma: por exemplo, a propriedade de alguns indivíduos de ser pálido ou bronzeado.) Se minha essência inclui que eu sou um animal racional, se eu perder completamente minha racionalidade, eu não existiria mais como o indivíduo particular que sou. Não só não poderia mais existir *como um animal racional* (mas continuando a existir como um ser de um tipo diferente); como deixaria de existir completamente.

Para resumir, existem quatro características tradicionalmente atribuídas às substâncias, entendidas como objetos individuais:

1. as substâncias são portadoras de propriedades e relações que delas dependem do ponto de vista ontológico;
2. as substâncias são a base da mudança e do que permanece inalterado durante uma mudança;
3. as substâncias são (relativamente) estáveis ao longo do tempo;
4. cada substância é um objeto de tipo específico, cuja natureza determina o tipo e as condições de sua persistência diacrônica.

Existem várias candidatas a substâncias que possuem essas quatro características; por exemplo: seres materiais com uma localização espaçotemporal, mas também seres imateriais e eternos como Deus. Entre elas, quais substâncias existem realmente é uma outra questão, que uma teoria filosófica geral da substância pode (e deve) deixar em aberto, sem afetar o que pode existir.

Enquanto muitos filósofos acreditam que exista uma classe de entidades que possuem todas essas quatro características, muitos outros permanecem céticos e até duvidam da coerência dessas quatro ideias. Apresentaremos brevemente dois diferentes, mas conectados,

---

2. Como veremos no capítulo 3, nem todas as propriedades que uma substância deve possuir quando existe, fazem parte de sua essência; mas deixemos essa complicação de lado, por enquanto.

tipos de dúvidas que as características (1)-(4) podem gerar. Essas dúvidas, em diferentes formas, têm retornado continuamente na história da metafísica e servirão de introdução às discussões dos parágrafos e capítulos deste livro.

Em primeiro lugar, há uma certa tensão entre as ideias nas quais se baseiam os pontos (1)-(4). De acordo com (1) todas as propriedades instanciadas devem ser ancoradas nas substâncias, porque é *o estar na* substância que permite a instanciação de uma propriedade. No entanto, isso sugere que, para cada propriedade deve ser possível distinguir entre a propriedade, por um lado, e a substância que a possui, por outro[3]. Contudo, se isso fosse possível, poderíamos remover todas as propriedades da substância a que pertencem. Suponhamos fazer isso para *todas* as propriedades que estão instanciadas por uma substância específica; o que resta é um *pequeno detalhe* ou *substância pura* que não possui nenhuma propriedade. É a isso, então, que as substâncias individuais se resumem? Não está claro se essa ideia de um *substrato puro* faça sentido (e, de fato, esse era precisamente o ponto sobre o qual Locke mais duvidava). Em todo caso, uma substância *pura* não poderia mais ter uma essência ou natureza como, diversamente, requer (4).

Em segundo lugar, falar de substâncias que são a base das propriedades sugere uma relação assimétrica entre as duas: as propriedades dependem das substâncias de um ponto de vista ontológico, mas o inverso não é verdadeiro. Essa assimetria é ainda mais evidente quando a afirmação da dependência é formulada em nível linguístico, e colocada em termos de *predicação* ou *dizer sobre*: enquanto as propriedades podem ser predicadas de substâncias individuais, as substâncias não podem ser predicadas de coisa alguma. No entanto, uma substância não pode existir *nua*; para existir, deve ao menos possuir

---

[3]. Afinal, a propriedade poderia não ser instanciada e o seu pertencimento à substância ser visto como uma contribuição agregada que pode ser identificada independentemente de se considerar a substância isoladamente.

suas propriedades essenciais. Isso significa que, pelo menos para algumas propriedades, a dependência é mútua.

Muitas das questões que abordaremos nas seções posteriores deste capítulo estão diretamente relacionadas a essas duas questões. Na seção 1.3 compararemos a ideia do *particular nu* com a ideia oposta, segundo a qual as substâncias são apenas os conjuntos (*bundles*) de propriedades. Ambos encontram dificuldades importantes e talvez intransponíveis. No entanto, como veremos na seção 1.4, existe uma alternativa para ambos: o hilemorfismo aristotélico, que permite negar que as substâncias sejam substratos *nus* de propriedades e, ao mesmo tempo, compreender como a existência de substâncias *primárias* não seja separável da instanciação das propriedades que constituem a sua essência. Concluiremos o capítulo com breves referências à importante controvérsia sobre como as substâncias continuam a existir ao longo do tempo, e cuja resolução é crucial para entender como as substâncias podem suportar mudanças. Antes de entrar nessas questões, porém, devemos falar brevemente sobre a outra categoria que introduzimos como a principal contrapartida das substâncias: as propriedades.

1.2. Substâncias e propriedades

O que são as propriedades? Uma resposta natural – embora um tanto ingênua – é a seguinte: uma propriedade é qualquer coisa declarada por um predicado (que tenha sentido). A partir disso, poder-se-ia inferir que, quando podemos dizer (de forma significativa) sobre uma coisa A que é X, há uma propriedade correspondente que A deve possuir para que a afirmação seja verdadeira. Porém, a questão não pode ser resolvida de forma tão simples, pois a hipótese de que todo predicado denote uma propriedade conduz a um paradoxo, cuja descoberta se deve a Bertrand Russell. Para ver como surge esse paradoxo, tomemos o predicado *não é predicável por si mesmo* (ou *é não-autopredicável*), que é, ele próprio, um predicado de sentido. Se tal predicado denota uma propriedade, presumivelmente denota a propriedade de ser não-autopredicável ou não-auto-instanciável, o qual vem instanciado por todas aquelas propriedades que não instanciam a si mesmas (por exemplo, a propriedade de ser vermelho). Portanto, uma vez que a expressão *é não-autopredicável* é um predicado de sentido, deve ser verdadeiro ou falso que a propriedade de ser não-autopredicável seja, ela mesma, não-autopredicável. Então, se isso é verdade (isto é, se a propriedade não é autopredicável), segue-se que essa propriedade é, afinal, predicável por si mesma, porque a propriedade de ser não-autopredicável é possuída por todas as propriedades que são não-autopredicáveis. *Pari passu*, se isso é falso (ou seja, se a propriedade é autopredicável), segue-se que a propriedade é não-predicável por si mesma, porque a propriedade de ser não-autopredicável só pode ser possuída por propriedades que não são autopredicáveis. Assim, chegamos em ambos os casos a uma contradição, que nos mostra (embora possa ser resolvida de alguma forma) que não podemos presumir, facilmente, que todo predicado de sentido denote uma propriedade.

Existe, no entanto, uma estreita conexão entre os predicados e as propriedades, até porque nossas formas canônicas de falar das propriedades fazem uso dos predicados. A maneira mais óbvia de transformar um predicado em um único termo que pode ser usado para se referir a uma propriedade é a de tomar o predicado, digamos, *é F*, descartar a cópula e colocar o prefixo *a propriedade de ser* ao restante, de modo a formar a frase nominal, *a propriedade de ser F* – por exemplo, *a propriedade de ser vermelho*, *a propriedade de estar a dois quilômetros de distância do centro de Londres*, e, *a propriedade de ser não-autopredicável*. Outra forma (mas que funciona apenas com certos predicados) é a de eliminar a cópula e adicionar sufixos como *-ão*, *-idade* ou *-eza* (para citar alguns), ao que resta, para formar o substantivo abstrato *F-idade* – por exemplo, vermelhidão, esfericidade, grandeza e assim por diante.

Essa ligação entre predicados e propriedades nos fornece os recursos para distinguir entre as propriedades e as substâncias, já que, tipicamente, as últimas correspondem aos sujeitos gramaticais (e somente a eles). Embora nem todos os predicados de sentido correspondam a uma propriedade, cada propriedade corresponde a um predicado de sentido; enquanto as substâncias correspondem aos sujeitos gramaticais (e somente a eles). No entanto, essa forma de distinguir entre substâncias e propriedades se baseia apenas em um critério gramatical: é legítimo assumir que a distinção ontológica entre propriedade e substância é *apenas* um reflexo dessa distinção gramatical? Se assim fosse, poderia parecer puramente convencional para nós – um reflexo das peculiaridades aleatórias das línguas naturais. Muitos filósofos pensam assim, e em particular, os positivistas lógicos, os quais, referindo-se a Rudolf Carnap, estão inclinados a considerar todas as distinções metafísicas como uma questão de convenção, a decidir segundo considerações pragmáticas e, especialmente, em termos de sua utilidade nas práticas explicativas das ciências. Por outro lado, outros filósofos alegam que a distinção entre propriedade e substância deve ter uma justificativa ontológica mais profunda. Qual seria essa justificativa?

Uma maneira de responder a essa indagação é perguntar-se a qual categoria ontológica as substâncias e as propriedades – supondo que existam – pertencem, respectivamente. As substâncias, no sentido de substâncias primárias (o sentido para o qual estamos mais interessados na seção 1.1), são particulares. E quanto às propriedades? Se alguém pensa que as propriedades (ou pelo menos algumas delas) são universais, deve então pensar que essas propriedades (ou pelo menos algumas delas) pertencem a uma categoria ontológica diferente – assumindo que universais e particulares são tipos diferentes de entidades. A distinção entre universais e particulares pode ser compreendida através do conceito de instanciação. Assumindo que universais e particulares existam, as propriedades particulares instanciam (são, literalmente, instâncias de) as universais. No entanto, mesmo as universais podem instanciar outras universais, as chamadas universais de *ordem superior* (por exemplo: a propriedade de ser branco instancia a propriedade de segunda ordem, de ser instanciado por Fido). A diferença entre universais e particulares é que nada pode instanciar um particular (a menos que alguém queira argumentar que cada particular simplesmente instancia *a si mesmo*, mas nenhum outro particular). No entanto, isso não equivale a negar que possam existir as universais que, ao contrário, não são instanciadas por nada. A partir disso, a proposta de que toda propriedade universal – mas não toda particular – é *instanciável* – isto é, que *pode* ou *poderia* ter instâncias.

Isso, no entanto, exclui a existência de universais específicas que alguns filósofos incluiriam na ontologia: por exemplo, assumindo que exista a propriedade do ser, redondo e quadrado, e que tal propriedade seja universal, esse universal *poderia* não ter alguma instância, uma vez que tal instância deveria ser redonda e quadrada, ao mesmo tempo. A distinção que propomos entre universais e particulares, não pode aceitar a existência de um universal como *sendo, ao mesmo tempo, redondo e quadrado* porque, de acordo com a distinção proposta, essa propriedade seria um particular. No entanto, este parece-nos ser um pequeno preço a pagar – mesmo comparado à discussão precedente, na qual nem todos os predicados significativos correspondem a uma propriedade genuína.

Os filósofos que argumentam que as propriedades não são propriedades comuns, mas particulares (tropos), não podem utilizar esse critério para distinguir as propriedades das substâncias, uma vez que os tropos são, eles próprios, objetos particulares (ou como as definiu Campbell (1990, 20), uma *natureza particularizada*). Contudo, se não podem usar esse critério para distinguir entre substâncias e propriedades, podem fazer outra coisa muito mais radical: eliminar uma das duas coisas que supomos serem distintas. Alguns filósofos pensam que admitir os tropos na ontologia pode tornar supérfluo admitir também as substâncias. A respeito dessa ideia, nos deteremos na seção 1.3.

1.3. Substrato ou conjunto de propriedades?

Ao refletir sobre a relação entre as substâncias e suas propriedades, existem duas formas opostas de pensar sobre isso: as substâncias nada mais são do que o conjunto de suas qualidades, ou são algo *acima* e além dessas propriedades. (Nota: esse algo, no entanto, não poderia ser outro aspecto perceptível, uma vez que seria apenas outra qualidade da substância e não a própria substância.) Intuitivamente a segunda alternativa, que uma substância seja algo mais do que suas qualidades, é mais atraente. O que é esse *algo mais*, e como sabemos que existe, se não somos capazes de percebê-lo?

Uma das razões para pensar que uma substância seja algo mais do que a soma das qualidades que a caracterizam (razão que já discutimos na seção 1.1), é que algumas dessas propriedades podem mudar (por exemplo, a cor de um objeto), deixando, no entanto, a substância em geral a mesma. Mas *a mesma* em que sentido? Não no sentido do mesmo conjunto de qualidades, porque assumimos que pelo menos uma delas mudou. Então, o que permaneceu inalterado, enquanto uma ou mais qualidades mudaram? Alguns filósofos argumentam que haja algo subjacente às propriedades e que as mantém unidas, e que esse algo é o que resta quando algumas das propriedades mudam. O que resta é um substrato que não possui nenhuma qualidade (para poder ser capaz de adquirir outras); sendo desprovido de propriedades, são incapazes de concebê-lo, exceto por meio de um processo de abstração. Consideremos, por exemplo, esse livro: mentalmente, pode-se privá-lo de suas cores, do seu material e peso, e assim por diante, até chegar ao substrato específico desprovido de qualidade, que é a base de todas as propriedades do livro. (Este é o processo de *remoção* que descrevemos na última parte da seção 1.1.) O problema está em reconhecer e definir esse substrato, uma vez que ele não possui nenhuma propriedade se for considerado *per se*. Dele só podemos dizer que existe. Porém, se assim for, como podemos considerá-lo um *algo*? A dificuldade que encontramos em responder a esta questão leva muitos a conceber o substrato como uma espécie de entidade misteriosa que seria melhor eliminar da nossa ontologia (lembre-se a este respeito, o comentário depreciativo de Hume sobre aquele algo *desconhecido e invisível* que relatamos na seção 1.1).

Se alguém é cético sobre a ideia de um particular *nu* como portador das propriedades, pode-se ser atraído pela solução oposta: uma vez que um particular nu não possui qualquer propriedade, em contraste, podemos descartar a ideia das substâncias como particulares e pensar nelas como nada além de conjuntos de suas propriedades. Segundo esta teoria, uma substância particular nada mais é do que as propriedades que a caracterizam. Se nada resta quando as propriedades são removidas, podemos pensar, então, que a substância que estamos examinando, por exemplo, esse livro, não é nada além dessas propriedades.

As duas teorias da substância que estamos considerando diferem, uma da outra, em termos de economia ontológica. Segundo a primeira, uma substância é composta de dois tipos de entidades: as propriedades e o substrato. Já a segunda teoria, apresenta a substância como composta de apenas um tipo de entidade, ou seja, as propriedades (organizadas de uma certa maneira), e é mais simples do que a primeira, pois envolve um número menor de entidades. Embora não haja razão para acreditar que uma teoria mais simples e econômica deva ser mais precisa em relação a uma mais complexa e menos econômica, os filósofos (e os cientistas) geralmente tendem a valorizar a simplicidade de uma teoria. Certamente, elementos supérfluos não beneficiam nenhuma teoria, porque esses elementos não são necessários para que uma teoria funcione. E, no presente caso, o substrato não é apenas um acréscimo à ontologia, mas, além disso, o acréscimo de algo que parece misterioso e desconhecido. No entanto, antes de concluir definitivamente que o substrato não é necessário, precisamos considerar mais detalhadamente, a teoria segundo a qual as substâncias sejam conjuntos de tropos, e compreender se essa teoria é plausível. Dela, existem duas variantes:

a) as substâncias nada mais são do que conjuntos de propriedades universais (por exemplo, o universal branco);
b) as substâncias nada mais são do que conjuntos de propriedades particulares ou tropos (por exemplo, o branco desta página).

A principal objeção à variante (a) da teoria é a seguinte: se todo objeto é um conjunto de propriedades universais, dois objetos x e y, numericamente distintos e possuindo exatamente as mesmas propriedades, não podem não ser o mesmo conjunto de propriedades. Em outras palavras, (a) nos força a aceitar a identidade de objetos qualitativamente indiscerníveis. No entanto, isso contradiz a ideia inicial de que x e y sejam numericamente diferentes. Em resposta, pode-se dizer que dois particulares, em princípio, nunca compartilham todas as suas propriedades, simplesmente porque, enquanto particulares, devem possuir diferentes posições espaçotemporais. Assumindo que dois particulares numericamente distintos não podem ocupar o mesmo espaço ao mesmo tempo, parece então que toda substância possui um conjunto de propriedades único, porque até mesmo a posição espaçotemporal figura entre as propriedades relacionais de uma substância. Uma primeira desvantagem óbvia desta proposta é que ela admite apenas particulares distintos com as mesmas propriedades quando estão no espaço. Mesmo que suponhamos, *de fato*, que todos os particulares existentes sejam entidades espaçotemporais, poderíamos nos preocupar com o fato de que, ao menos em princípio, poderiam existir outros particulares que poderíamos querer distinguir numericamente, mesmo que possuam as mesmas propriedades (por exemplo, dois anjos qualitativamente idênticos).

No entanto, existe um problema ainda mais profundo em relação a essa proposta. Não há garantia de que coisas diferentes possuam, realmente, propriedades relacionais diferentes, a menos que reintroduzamos entidades particulares em nossa metafísica. É por isso que devemos pensar sobre a localização no espaço (e no tempo) como algo absoluto ou relativo? Se fosse absoluta, uma localização seria um ponto particular, não repetível no espaço. (Pensemos em um sistema de coordenadas cartesianas no qual os pontos são identificados exclusivamente por suas coordenadas: esses pontos são particulares que não podem se repetir.) Mas isso significa que a noção de um particular – não definido como um conjunto de qualidades – deve ser reintroduzida em nossa teoria das substâncias, e isso contradiz o objetivo inicial de buscar eliminar os particulares. Pior ainda, o tipo de particularidade agora contemplada, é ainda mais difícil de compreender do que a particularidade original das substâncias.

Podemos então, definir localizações espaciais em relação umas às outras? O problema é que existe a possibilidade de que o espaço de um universo tenha uma linha de simetria tal que os pontos postos em localizações correspondentes, em ambos os lados da linha de simetria, possuam um conjunto idêntico de relações com todos os outros pontos dentro desse espaço. Imaginemos um universo que consiste apenas de duas esferas qualitativamente idênticas, colocadas na mesma distância de ambos os lados da nossa linha imaginária de simetria. Essas duas esferas teriam todas as suas propriedades, relacionais e não relacionais, iguais. E não poderíamos distingui-las nem através das suas propriedades intrínsecas, nem por meio das suas propriedades relacionais. (Este cenário foi descrito por Max Black, 1952.) De acordo com a primeira versão da teoria dos compostos, essas duas esferas entrariam em colapso uma na outra – mas por hipótese, as duas esferas eram numericamente distintas.

O que acabamos de considerar representa uma primeira maneira, para aqueles que apoiam a teoria das substâncias como conjuntos de propriedades, para evitar a implicação de que particulares com as mesmas propriedades colapsam em um só. Como essa proposição não parece funcionar, consideremos então a segunda versão da teoria, ou seja, (*b*). A objeção, que a teoria implica que conjuntos que têm as mesmas propriedades devem ser uma mesma substância, é válida apenas se as propriedades forem vistas de uma certa maneira, isto é, não como particulares. Contudo, as propriedades podem, também, ser pensadas como particularizadas: o vermelho neste conjunto poderia, assim, ser uma coisa numericamente diferente do vermelho em outro conjunto. Então, poderia haver conjuntos distintos que parecem compartilhar as mesmas propriedades. Eles possuem os mesmos tipos de propriedades, mas as propriedades em si (os tropos), são diferentes. Se as propriedades são concebidas como tropos, ou seja, como propriedades particulares, então não existe o problema da distinção numérica de substâncias que compartilham as mesmas propriedades, porque nenhum conjunto pode, realmente, consistir das mesmas propriedades de um outro. O problema mais evidente dessa versão da teoria reside na dificuldade de explicar a semelhança entre dois conjuntos. Em outras palavras, não poderíamos dizer que essa página do livro é da mesma cor que outra página do livro, porque cada página tem sua própria cor específica, diferente de qualquer outra. E, mesmo que esse problema fosse resolvido de alguma forma, permaneceria ainda o problema de que a versão (*b*) salvaria a teoria dos compostos, apenas ao custo de não cumprir a motivação por trás da teoria. De fato, se o objetivo principal da teoria dos conjuntos era explicar os particulares inteiramente em termos de propriedade, agora parece que a teoria rejeita a objeção de que dois conjuntos idênticos entrariam em colapso, um sobre o outro, ao custo de considerar as propriedades, de alguma forma, como particulares. A particularidade, portanto, *entrou* novamente na teoria.

Há também outras razões para duvidar da teoria segundo a qual as substâncias são conjuntos de propriedades. Essas razões dizem respeito, em particular, à questão de saber se, de acordo com essa teoria, as substâncias podem satisfazer as características (1)-(4) que apresentamos na seção 1.1. Tais dificuldades surgem para cada versão da teoria, quer se pense que as propriedades sejam universais ou que sejam particulares, e diz respeito, por exemplo, à questão de como essa teoria explica a mudança dos objetos. Se uma substância fosse apenas uma coleção de propriedades, ela não sobreviveria às mudanças.

Supondo que o que torna um conjunto a mesma coisa, em momentos diferentes, é o fato de que seja composto pelos mesmos elementos, se um conjunto perdesse uma propriedade e adquirisse outra, seria um conjunto diferente. Consequentemente, dois conjuntos são diferentes se as propriedades pertencentes a eles forem diferentes. E, claramente, os particulares nos quais estamos interessados mudam (qualitativamente) continuamente, enquanto permanecem (numericamente) os mesmos. Este ponto ficará mais claro se considerarmos um ser vivo como exemplo de substância. Um homem, por exemplo, muda radicalmente da infância para a idade adulta. Como, então, é possível que uma pessoa seja apenas um conjunto de propriedades, se suas propriedades estão em constante mudança?

A teoria das substâncias como conjuntos de propriedades parece assim difícil de justificar. Devemos então optar pela alternativa da teoria do substrato nu? Diante das dúvidas sobre a inteligibilidade dessa outra posição, felizmente a resposta a essa pergunta é: *Não*. Existem alternativas. A mais importante delas é a do hilemorfismo de Aristóteles. Trataremos dessa teoria na próxima seção e veremos até que ponto ela consegue responder às preocupações, sobre as substâncias, que apresentamos no final da seção 1.1.

1.4. O hilemorfismo de Aristóteles

Todas as substâncias são entidades, mas nem todas as entidades são substâncias. A primeira articulação teórica dessa diferença encontra-se em *Categorias*, de Aristóteles, em que o filósofo distingue as substâncias individuais e os diferentes tipos de propriedades que tais objetos possuem. Aristóteles ilustra assim, as várias categorias de entidades:

> Das coisas que são ditas sem nenhuma conexão, cada uma significa ou substância ou quantidade, ou qualidade, ou relação, ou onde, ou quando, ou mentir, ou ter, ou agir, ou sofrer. Para dizê-lo resumidamente, substância é, por exemplo, *homem, cavalo*; quantidade,

por exemplo, *de dois côvados, de três côvados*; qualidade, por exemplo, *branco, gramático*; relação, por exemplo, *duplo, metade, maior* (1989, 1b25; 2a4).

As substâncias individuais são os sujeitos das propriedades nas várias categorias, e podem ganhar ou perder tais propriedades enquanto suportam a si mesmos. Além disso, Aristóteles aponta uma distinção importante entre *objetos* individuais e tipos de objetos individuais: enquanto, em alguns contextos, falar de substância significa referir-se a objetos individuais, em outros, envolve uma discussão sobre conceitos universais que indicam tipos específicos de tais objetos individuais. Em *Categorias*, essa distinção é indicada com os termos *substância primária* (que já vimos na seção 1.1) e *substância secundária*. Assim, o poodle Fido é uma substância primária – um sujeito individual – mas *cachorro* ou, *ser cachorro*, é uma substância secundária ou um *tipo* de substância.

Em *Categorias*, no entanto, Aristóteles não faz uma análise metafísica da substância; é somente em *Metafísica* e, em particular, nos livros VI, VII e VIII, que ele desenvolve sua famosa teoria de que as substâncias são *compostas* de forma e matéria, noções que, por sua vez, não são tratadas em *Categorias*. A forma substancial é o princípio de unidade e de organização funcional, o *tipo de coisa* que é o objeto, enquanto a matéria é o material no qual esse princípio se desenvolve: assim, por exemplo, a matéria de uma estátua é o mármore do qual é esculpida. A análise da substância, em termos de matéria e forma, é conhecida como hilemorfismo. Aristóteles aplica-o a todas as substâncias, àquelas produzidas artificialmente e, também, às naturais. Até mesmo a relação corpo/alma deve ser entendida nesses termos: a alma é a forma substancial de um corpo orgânico, e o corpo é a matéria da alma; assim como a forma redonda da bola é a sua forma, enquanto o plástico de que é feita é a sua matéria. Forma e matéria são diferentes; mas – lembre-se da rejeição de Aristóteles aos universais *ante res* – a forma só pode existir na matéria (pelo menos no mundo físico). Não há nenhuma esfericidade, exceto em um corpo redondo, e do mesmo modo, não há alma sem corpo.

Como, então, matéria e forma constituem *uma* substância? Embora muitos comentaristas antigos e modernos tenham interpretado o composto hilemórfico como uma soma das partes, para em seguida tentar entender qual relação possa unir adequadamente essas partes em uma unidade, essa não é a maneira correta de pensar a relação entre forma e matéria. Este erro, embora infelizmente difundido na literatura secundária sobre Aristóteles, torna-se evidente se considerarmos um texto-chave no qual Aristóteles apresenta sua própria posição, a saber, a *Metafísica*, livro VII, 17. Aqui, Aristóteles introduz, através do exemplo da sílaba, a tese segundo a qual o que unifica uma substância não pode possuir o mesmo *status* ontológico das entidades que unifica. Em outras palavras, se a forma une as partes de uma substância, ela mesma não pode constituir uma parte adicional (ou mesmo uma relação) da substância.

Em seu raciocínio, Aristóteles assume que as duas letras *b* e *a* formam a sílaba *ba*, e se pergunta o que une as duas letras em uma única sílaba. Se para unificar as duas letras em uma única sílaba, um elemento adicional fosse adicionado à sílaba, continua Aristóteles, então a sílaba consistiria em três elementos – as duas letras e o elemento unificador. Então, o que reúne esses três elementos em uma única sílaba? Se outro elemento adicional colocasse os três elementos em relação entre si, unificando-os em uma sílaba, o mesmo princípio deveria ser aplicado mais uma vez, e perguntar-se-ia novamente, o que unifica elementos novos e antigos em uma sílaba... e assim por diante *ad infinitum* (*Metafísica*, VII, 17, 1041b11-22). É importante ressaltar, no entanto, que a conclusão tirada por Aristóteles a partir da regressão *não* é a mesma que Bradley, de forma superficialmente semelhante, tira de sua própria versão da regressão, a saber, que não há como unificar genuinamente os muitos em um (BRADLEY, 1893). Segundo Aristóteles, e pelas razões explicadas pelo exemplo da sílaba, a união das partes de uma substância em uma unidade não é obtida pelo acréscimo de um elemento adicional ou de uma relação que as mantém juntas; ele conclui que a forma da substância em questão, nesse caso a da sílaba, une os elementos como um *princípio* (*Metafísica* VII, 17, 1041b25-31). Permanece, no entanto, aberta a questão de como a forma, enquanto princípio, pode unificar a substância.

O debate sobre esta questão é muito amplo. Uma forma que consideramos muito plausível para compreender as ideias de Aristóteles é esta: a unidade da sílaba é incompatível com a presença nela de seus elementos componentes, tão distintos e identificáveis como tais (cf. MARMODORO, 2013, para uma apresentação mais detalhada desse ponto). As substâncias, para Aristóteles, constituem unidades paradigmáticas, e para obter essa unidade é necessário que, no momento em que se tornam partes da substância, os elementos que a constituem percam o que os torna identificáveis como distintos. O papel da forma ou princípio unificador da substância é, justamente, o de *privar* os elementos da possibilidade de serem identificados como elementos distintos. Esses elementos são *dois* quando considerados independentes um do outro, mas *um* quando entram na constituição da substância. Então, o que muda quando os elementos *b* e *a* passam a fazer parte da constituição da sílaba *ba*? A resposta de Aristóteles torna-se mais clara quando estudamos outra passagem da *Metafísica*, em que ele introduz o Princípio de Homonímia:

> Portanto, em certo sentido, as partes do corpo são anteriores ao composto, enquanto que, em outro, não o são, porque não podem existir separadamente do corpo: por exemplo, o dedo do animal não é tal, seja qual for o estado em que se encontre, mas, se estiver morto, é dedo apenas por homonímia (ARISTÓTELES, 2000, VII, 10, 1035b24-25).

Quando separadas do todo, as partes de uma substância deixam de ser o que eram quando faziam parte da substância. Se as partes de uma substância mantivessem sua própria identidade quando entram na constituição de uma substância, elas continuariam sendo o que são mesmo quando separadas da substância. Isso significa que as partes são identificadas de forma diferente quando estão na substância e quando estão separadas dela. Quando estão na substância, as partes adquirem uma nova identidade segundo o princípio unificador *do todo*, a forma substancial. Quando são separadas do todo, ao contrário, perdem aquela identidade funcional, que lhes é conferida pela forma, com base em seu papel na substância como um todo: o dedo separado de um corpo vivo não é mais funcional como um dedo e, portanto, é um dedo apenas por homonímia, ou seja, apenas no nome. Se pensarmos agora, não em como uma parte é separada da substância a que pertence, mas em como ela se une a outras partes para formar o composto hilemórfico, o Princípio de Homonímia explica como elementos que são, originalmente, numericamente diferentes entre si, são unificados em uma única entidade através da própria *transformação* de elementos em partes funcionais de uma substância, da qual se tornam dependentes, como o dedo é dependente do corpo vivo. Concluindo, a unidade da substância para Aristóteles, depende da forma substancial, a qual não é um elemento extra na ontologia; é antes uma *operação* sobre os elementos da substância, que os priva dos seus critérios originais de identificação e os torna dependentes de sua (nova) identidade da substância de que fazem parte.

Retornando a algumas questões que examinamos nos parágrafos anteriores desse capítulo: como o hilemorfismo aristotélico nos permite resolver os problemas da concepção tradicional da substância, visto no final da seção 1.1? Resumidamente, podemos afirmar o seguinte: em primeiro lugar, uma substância primária não é um particular nu, mas possui uma forma substancial ou essência que a torna o tipo de substância que é, e lhe dá o seu princípio de unidade. Essa forma substancial não é instanciada na substância da mesma forma que outras propriedades contingentes da substância. Em relação à substância, ela é afirmada de forma diferente das outras propriedades. Aristóteles, portanto, não aceitaria a ideia que constituiu o ponto de partida da tese, de que todas as propriedades podem ser removidas da substância, porque a relação de instanciação funciona da mesma maneira para todas elas. Em segundo lugar, Aristóteles aceita a dependência mútua para todas as propriedades relevantes em relação à forma individual. Parece, portanto, que Aristóteles conseguiu tornar coerente o conjunto de características (1)-(4) que definem a substância. Este fato, juntamente com as outras características do hilemorfismo de Aristóteles, faz dele uma atraente análise da substância e um sério competidor do que tem sido, e ainda são, as alternativas predominantes na metafísica; como é demonstrado também pelo crescente interesse nas últimas décadas pela metafísica de Aristóteles (cf., por exemplo, FINE, 1999; KOONS, 2014; LOWE, 2012; REA, 2011; KOSLICKI, 2008; JAWORSKI, 2016)

1.5. Persistência da substância

Ao discutir a unidade das substâncias em Aristóteles, concentramo-nos na relação entre as substâncias e suas partes espaciais e materiais. No entanto, a questão da unidade *transtemporal* das substâncias, ou seja, de como uma substância pode perdurar no tempo e continuar a ser a mesma substância particular que era antes, constitui um ponto crucial no debate sobre as substâncias. Os particulares concretos, as substâncias, persistem no tempo – assim tendemos a pensar. Como persistem no tempo? (Tenha-se presente que, como vimos na seção 1.1, o fato de as substâncias durarem no tempo é fundamental para que possam sustentar as mudanças ordinárias.) E quais são os critérios de identidade através do tempo para artefatos, animais ou pessoas? Essas questões levantam dificuldades para muitos tipos de substâncias; consideremos o famoso exemplo do chamado *navio de Teseu*. O que acontece com o navio de Teseu se substituirmos todas as suas tábuas, uma a uma, ao longo dos anos? Continuará o mesmo navio ou não? A resposta parece ser: *Sim*. Porém, o que acontece se as tábuas antigas forem conservadas e depois, quando todas as tábuas do navio tiverem sido substituídas, construa-se um novo navio com as velhas? Agora, temos dois navios; mesmo o navio construído com as tábuas antigas poderia ser numericamente idêntico ao original (devido às tábuas utilizadas), ou não?

Estas questões levantam sérias dúvidas, porque nossas intuições sobre como determinar a persistência transtemporal de uma substância nos conduzem a direções diferentes. (No caso do navio de Teseu, estamos divididos entre duas intuições, aquela segundo a qual a identidade do navio reside em sua unidade funcional contínua, dentro da qual as partes individuais podem ser substituídas e, por outro lado, a intuição de que o navio é apenas o conjunto de suas partes e, portanto, a identidade do navio não pode ser totalmente separada da identidade de suas partes.) No entanto, aqui não trataremos diretamente dos critérios de persistência transtemporal para as substâncias, mas sim, do que está no debate contemporâneo das últimas duas décadas, um problema preliminar a respeito dessas questões, isto é, se os objetos possuem partes temporais. A posição que se toma em relação a essa questão, determina significativamente como se responde às outras questões sobre a persistência de substâncias.

Quando falamos de objetos que possuem partes *temporais* (assim como partes espaciais ou físicas) pode ser difícil imaginar o que queremos dizer. Uma forma frequentemente utilizada para tornar esta ideia mais inteligível baseia-se na constatação de que a existência de objetos e de pessoas se estende através do tempo, assim como através do espaço: existimos ontem e também existiremos amanhã. Além disso, da mesma forma que podemos ter diferentes propriedades em diferentes regiões espaciais (suas mãos estão frias, seus pés não), podemos possuir diferentes propriedades em tempos diferentes (ontem você estava pálido, mas se ficar no sol hoje, não estará pálido amanhã). Então, como é que um objeto se estende no tempo? De acordo com alguns filósofos, a resposta é que o objeto tem partes temporais diferentes em tempos diferentes. Nossas partes espaciais são, por exemplo, nossa cabeça, nossos pés e nariz; nossas partes temporais são coisas como nossa pessoa-ontem, nossa pessoa-hoje e nossa pessoa-amanhã. Nosso existir de ontem e hoje pode, portanto, ser explicado com a nossa parte de pessoa-ontem que existe ontem, e a pessoa-hoje que existe hoje. Outros filósofos argumentam, em vez disso, que existimos no tempo como um todo. Era a mesma pessoa inteira que estava pálida ontem e, amanhã, a mesma pessoa inteira estará bronzeada. *Você-ontem* não é um nome para uma parte misteriosa de você que só existiu por um dia: pelo contrário, é um modo formal de falar sobre você e como você estava ontem.

A teoria pela qual objetos possuem partes temporais e são, nesse sentido, estendidos no tempo da mesma maneira como se estendem no espaço, é chamada de perdurantismo (por exemplo, QUINE, 1953a; LEWIS, 1986a; SIDER, 2001). Os perdurantistas sustentam que as coisas comuns, como os animais, os barcos e os planetas, existem no tempo em virtude de suas partes temporais, que existem em tempos diferentes. Os endurantistas, que negam a teoria de partes temporais (cf. CHISHOLM, 1976; FINE, 2000; WIGGINS, 2001), por sua vez, acreditam que as coisas estão inteiramente presentes em cada momento de sua existência (as coisas persistem por sua *duração*). Os defensores de partes temporais argumentam que sua teoria seja capaz de oferecer soluções melhores para numerosos problemas metafísicos. Em particular, frequentemente afirmam que assumir que as substâncias têm partes temporais, permite-nos explicar facilmente como propriedades diferentes podem ser obtidas em tempos diferentes. Essa possibilidade seria, de outra forma, misteriosa, uma vez que envolveria a atribuição de propriedades incompatíveis. Tomemos como exemplo o pêssego em nossa fruteira, que estava verde alguns dias atrás e que hoje está muito maduro. Sem dúvida, nada pode ser verde e muito maduro ao mesmo tempo e, certamente, é o fato de que o pêssego esteja verde e maduro, em tempos diferentes, que nos salva de problemas metafísicos: sabemos bem disso. Entretanto, o que há, precisamente, nessa passagem de tempo, que torna possível que um mesmo objeto possua propriedades aparentemente incompatíveis? Se o pêssego possuísse partes temporais, isso explicaria facilmente como possa mudar: uma parte temporal anterior do pêssego é verde, enquanto uma parte temporal posterior do pêssego é muito madura; e diferentes partes do mesmo objeto podem possuir propriedades diferentes (assim como suas mãos podem estar frias, enquanto seus pés estão quentes). No entanto, esta solução, que deveria explicar a possibilidade de mudanças qualitativas nas substâncias, na verdade não a explica. Para os perdurantistas, a mudança envolve a sucessão de uma parte após a outra, enquanto o mesmo objeto – uma parte – nunca muda suas propriedades. O que vê mudar as suas propriedades é apenas o todo, que, graças à sucessão de suas partes, muda-as por derivação.

Os endurantistas oferecem outras soluções para o problema da mudança. Alguns deles aceitam o presentismo, ou seja, a teoria de que existem apenas os objetos, os eventos e os estados presentes: o passado e o futuro, pelo contrário, não existem. O presentismo parece fazer desaparecer o problema da mudança, pois apenas o pêssego muito maduro está presente, enquanto seu estado verde não existe mais e, portanto, não há com o que se preocupar. Outros endurantistas argumentam, em vez disso, que os objetos mudam porque estão em diferentes relações com diferentes pontos do tempo. De acordo com essa teoria, não há nenhum fato sobre o pêssego que seja *atemporal* de forma absoluta: pelo contrário, o pêssego contrai a relação de estar verde *relativamente à segunda-feira* e a relação de estar muito maduro *relativamente à sexta-feira*. Uma terceira opção endurantista é a de apoiar o adverbialismo. A mudança cria confusão, porque parece que um único objeto (como a banana) tem e não tem uma única propriedade (como aquela de ser verde). A ideia dos adverbialistas é que, em vez de subdividir o objeto em partes temporais (o pêssego-de-segunda-feira e o pêssego-de-sexta-feira), ou subdividir a propriedade (*no ser verde na segunda-feira* e no *ser muito maduro na sexta-feira*), devemos subdividir o modo como o objeto possui a propriedade. O pêssego possui a propriedade *ser verde* no *modo-de-segunda-feira* e não tem a mesma propriedade no *modo-de-sexta-feira*. Isso evitaria a contradição, já que uma coisa pode ser F de uma maneira, sem ser F de outra maneira: sua caminhada de ontem, até a biblioteca, pode ter sido em marcha lenta, mas não foi uma marcha elegante.

Pode-se, portanto, concluir que explicar a possibilidade da mudança nas propriedades de uma substância, não requer supor que as substâncias tenham partes temporais. Além disso, se as considerações de Aristóteles sobre a unidade da substância, que apresentamos no parágrafo anterior, estiverem corretas, a hipótese de partes temporais traz consigo outro problema: o de explicar como essas partes formam uma substância unificada. Isso nos faz pensar que, ao falar de partes temporais, os perdurantistas confundiram duas coisas distintas: a substância e a história ou *biografia* dessa substância. A primeira possui partes espaciais, mas não temporais, enquanto que com a segunda, as coisas são o contrário.

1.6. Conclusões

Neste capítulo, introduzimos um conceito-chave na história da metafísica, o conceito de substância. Examinamos as considerações que nos levam a supor que as substâncias são entidades particulares e individuais. Também introduzimos alguns dos problemas centrais no pensamento filosófico sobre a substância: a distinção entre substância e propriedade, a unidade da substância e a persistência temporal das substâncias. De maneira mais geral, o que fizemos foi apresentar as funções teóricas que o conceito de substância deve desempenhar, e investigar como essas funções impõem limites sobre quais teorias da substância são plausíveis. Retornaremos a esses pontos no próximo capítulo, dedicado às propriedades.

2
Propriedades e relações

2.1. Introdução

Neste capítulo trataremos das propriedades, como ser vermelho, ser circular, ser frágil etc. Começaremos com a questão de saber se as propriedades são entidades a serem introduzidas em nossa ontologia, além daquelas que já incluímos, isto é, as substâncias, ou se são apenas modos de ser das substâncias, mas não entidades por si mesmas (Seção 2.2). Prosseguiremos distinguindo as propriedades disposicionais ou poderes de um objeto (por exemplo, ser elástico etc.), e suas propriedades categóricas (por exemplo, ser triangular), e veremos como a existência e utilidade de ambos os tipos de propriedades, na metafísica, tem sido questionada por um número considerável de metafísicos (Seção 2.3). Os poderes são propriedades cuja natureza é muito discutida na metafísica; investigaremos porque a existência e utilidade dos poderes foi, por muito tempo, negada por grande número de metafísicos (seção 2.4). Por outro lado, segundo alguns, todas as propriedades são poderes e os poderes são os elementos fundamentais dos quais tudo mais deriva; examinaremos também essa teoria (seção 2.5). No final do capítulo, discutiremos se, além das propriedades monádicas, há razões para introduzir na ontologia também as relações (seção 2.6).

2.2. As propriedades existem? Realismo *versus* nominalismo

Uma das discussões mais famosas na história da metafísica diz respeito à questão de saber se as propriedades existem como entidades autônomas. No caso de substâncias particulares é muito difícil negar que, pelo menos algumas delas, existem como tais, isto é, como entidades em si mesmas. Embora existam classes particulares de substâncias, cuja existência pode ser questionada (por exemplo, os fantasmas ou as miragens), certamente algumas substâncias existem. Você, por exemplo. E, a menos que alguém duvide da existência do mundo externo, tudo o que se encontra em sua sala também existe: a mesa, a cadeira, o computador etc. No entanto, no caso das propriedades, por que deveríamos assumir sua existência como entidades separadas, além da existência das substâncias particulares que as possuem? Historicamente, o debate sobre esse assunto se desenvolveu em torno da controvérsia entre realistas e nominalistas. Estes últimos negam que existam propriedades além dos termos (*nomina*) que usamos para falar sobre como as coisas são. De acordo com os realistas, no entanto, devemos considerar as propriedades como parte de nossa ontologia, pois elas têm um importante papel explicativo. Listamos abaixo, quatro das principais funções explicativas, geralmente atribuídas às propriedades (para os três primeiros, cf. RAPP, 2016, 46 ss.).

a) Em primeiro lugar, consideremos a frase *O poodle Fido é branco*. A expressão *o poodle Fido* refere-se a um objeto particular, ou seja, o seu poodle Fido. A que se refere a expressão *é branco*? Não precisa referir-se, também essa, a algo, para poder adquirir sentido e para que toda a frase faça sentido? Se assim for, parece plausível que haja uma propriedade de *ser branco*, à qual tal expressão predicativa *é branco* se refere.

b) Em segundo lugar, se assumirmos que a frase *o poodle Fido é branco* seja verdadeira, o que a torna verdadeira, ou justifica o seu ser verdadeira? Não pode ser apenas o seu poodle Fido considerado em si mesmo (afinal, o Fido poderia ser de outra cor e ainda ser o Fido). De acordo com uma teoria muito popular na metafísica, o que torna a sentença verdadeira é, porém, que Fido instancia a propriedade de ser branco. Portanto, segundo essa teoria, precisamos de três elementos para que a sentença seja verdadeira: Fido, a propriedade de ser branco e o fato de que Fido instancia essa propriedade. No entanto, essa explicação só funciona se a propriedade de ser branco existe junto com Fido, pois a relação de instanciação pode colocar em relação apenas coisas que existem.

c) Em terceiro lugar, tentemos comparar Fido, que é branco, com sua camisa, também branca. (Assumamos, por hipótese, que Fido e a camisa têm exatamente a mesma gradação e tonalidade de branco.) Por serem ambos brancos, Fido e sua camisa têm algo em comum – há alguma coisa que compartilham. A explicação mais simples para isso, ou assim parece ser, é que existe uma propriedade comum que ambos compartilham – e essa é a propriedade universal de ser branco.

d) Em quarto lugar, alguns filósofos argumentam que, se queremos levar a prática científica a sério e ser realistas sobre as explicações que ela propõe, devemos assumir que as propriedades existem. O que os cientistas tentam descobrir são as leis da natureza universalmente válidas. Essas leis, de acordo com muitos filósofos (por exemplo, David Armstrong), relacionam propriedades universais. Assim, por exemplo, a fórmula da relatividade de Einstein $E = mc^2$ é uma lei que relaciona propriedades gerais, como massa e energia, e não poderia ser válida se tais propriedades não existissem.

Se voltarmos à distinção entre propriedades universais e propriedades particulares (os chamados tropos), é útil notar como as explicações acima não podem ser usadas da mesma forma para justificar a admissão, na ontologia, de ambos os tipos de propriedades: as universais e os tropos. Enquanto as duas primeiras considerações acima podem ser usadas tanto para as propriedades universais quanto para os tropos, as últimas duas justificam apenas a admissão de propriedades universais que diferentes substâncias podem compartilhar. O quarto argumento é formulado, desde o início, em termos de propriedades universais, e também o terceiro pressupõe que as propriedades sejam concebidas como propriedades universais. Se as propriedades em questão fossem tropos, então o ser branco de Fido e da sua camisa não seriam a mesma entidade e, consequentemente, o fato de que Fido e sua camisa possuam, ambos, um tropo *ser branco* entre as suas propriedades, não significaria dizer que eles tivessem qualquer coisa em comum. (Voltaremos a este assunto mais adiante.) Mas devemos nos perguntar: quão convincentes são esses quatro argumentos? O primeiro baseia-se na ideia de que as expressões linguísticas devam, necessariamente, referir-se a algo que existe para fazer sentido. Em geral, os filósofos de hoje consideram esse pressuposto o menos persuasivo. Isso baseia-se na extensão de um modelo, pelo menos *prima facie*, plausível para os nomes e termos singulares, a todas as expressões linguísticas. Consideremos o nome *Fido*; parece plausível que esse nome tenha seu sentido derivado do objeto que denota (ou seja, o seu poodle), ou que seu sentido seja determinado, pelo menos em parte, pelo objeto denotado. Se *Fido* não fosse o nome do seu poodle, mas do seu gato, então, a expressão *Fido* teria um significado diferente do que realmente tem. Mesmo se aceitássemos essa teoria para nomes próprios e termos singulares, que razão temos para acreditar que todas as expressões linguísticas devam funcionar dessa maneira? Ludwig Wittgenstein e outros demonstraram, com uma variedade de argumentos, que esse pressuposto é enganoso, e ignora as muitas diferentes funções que as expressões linguísticas desempenham. Gilbert Ryle até cunhou um nome específico para a ideia de que todas as expressões derivam seu significado do fato de que denotam uma entidade; Ryle chama isso de erro 'Fido'-Fido. Assim, como pensamos que *Fido* denote Fido, então, *é branco* também deve denotar um objeto; mas isso não é correto (cf. RYLE, 1949b, 70). Mesmo no caso dos nomes próprios e dos termos singulares, não é de forma alguma claro que possuírem um significado dependa de *denotarem* um objeto existente. Pense, por exemplo, nos nomes que usamos para os personagens de fábulas e mitos, por exemplo, o nome *Pégaso*. Esses nomes têm significado; um pouco de conhecimento da mitologia grega é suficiente para entender o que significa *Pégaso*, mesmo que *Pégaso* não seja um objeto existente do qual tenhamos uma representação[1]. O primeiro argumento para a existência de propriedades, portanto, não parece funcionar.

E o segundo? Isto é, que as propriedades são necessárias para explicar o que torna verdadeira uma afirmação? Por um lado, podemos nos perguntar se a existência das propriedades é realmente *necessária* para explicar a veracidade de uma afirmação como *Fido é branco*. Pensar que exista uma propriedade de ser branco instanciada por Fido pode ser uma maneira de explicar a veracidade da afirmação, mas pode haver também maneiras alternativas. Por exemplo, que o ser branco de Fido torne verdadeira a afirmação *Fido é branco*, poderia ser um fato simples, e esse fato poderia não exigir qualquer explicação adicional sobre a instanciação de propriedades; ou um nominalista pode argumentar que o particular poodle Fido é, por si só, suficiente para explicar o que torna verdadeira a afirmação *Fido é branco*. Afinal, do jeito que as coisas estão, seu Fido *é* branco (embora pudesse ser de outra cor). Portanto, levar em consideração Fido equivale, *ipso facto*, a levar em consideração um cão branco. O que mais precisamos para explicar a verdade de *Fido é branco*? Por outro lado, podemos nos perguntar se supor a instanciação da propriedade *ser branco* em Fido seja realmente *suficiente* para explicar a verdade da afirmação que *Fido é branco*. Lembre-se de que, de acordo com essa explicação, precisamos de três coisas que expliquem por que a afirmação é verdadeira: *a)* Fido, *b)* a propriedade de ser branco, e *c)* o fato de que Fido instancie esta propriedade. Consideremos (*c*) e perguntemo-nos o que torna verdadeira a afirmação *Fido instancia a propriedade de ser branco*. A única diferença entre essa frase e a nossa frase original, *Fido é branco*, parece ser que a nova afirmação inclui um predicado poliádico (isto

---

[1]. Pode-se admitir, como Meinong faz, que objetos inexistentes também fazem parte da ontologia: como um Pégaso inexistente, ao qual *Pégaso* se refere, já que o termo *Pégaso* tem um significado. Não vamos nos aprofundar nesta última teoria filosófica aqui.

é, uma função plural), em vez de um predicado monádico. (Mas podemos ignorar essa distinção por enquanto, porque se precisarmos de uma explicação para o que torna verdadeira uma afirmação que inclua predicados monádicos, também precisaremos de uma que torne verdadeiras as afirmações que incluem predicados poliádicos. E é plausível esperar que a explicação para os dois casos seja a mesma.) Vejamos então o que obtemos quando usamos a solução proposta para *Fido é branco* a fim de responder à pergunta sobre o que torna a frase verdadeira: *Fido instancia a propriedade de ser branco*. Assim como no primeiro caso tínhamos a propriedade *ser branco*, agora temos a propriedade relacional de *instanciar*, que devemos assumir junto a Fido e à propriedade de ser branco. Além disso, também devemos assumir que Fido e a propriedade de ser branco, juntos, instanciam as relações de instanciação; e isso gera uma regressão infinita, pois o passo que acabamos de dar pode ser repetido, também, no nível seguinte. Para poder explicar o que torna verdadeira a afirmação original *Fido é branco*, devemos agora assumir um número infinito de relações de instanciação que surgem entre Fido, a propriedade de ser branco, a instanciação etc. Como avaliar esse resultado dependerá de considerações posteriores. Por exemplo, a regressão infinita resultante será considerada como particularmente problemática, se acreditarmos que uma relação não possa instanciar a si mesma e que, portanto, em cada nível, a relação de instanciação deva ser diferente daquela introduzida no nível precedente. Nesse caso, a regressão resultante envolverá não apenas uma infinidade de instanciações de relações de instanciação, mas também uma infinidade de relações diferentes (instanciações, meta-instanciações, meta-meta-instanciações etc.); e este resultado não é aceitável. Alternativamente, no entanto, poder-se-ia tentar interromper a regressão argumentando que a questão sobre o que torna verdade que Fido instancia a propriedade de ser branco não se coloca no segundo nível. Por que não? Se podemos rejeitar a questão do que torna a afirmação verdadeira no segundo nível, não poderíamos então fazê-lo já a partir do primeiro nível e, desse modo, bloquear o argumento original para a existência de propriedades? Mesmo o segundo argumento, portanto, não parece promissor.

No entanto, as coisas mudam quando chegamos ao terceiro argumento; muitos nominalistas reconheceram que esse argumento possui certa eficácia. Aqueles que tentam refutá-lo, argumentam que, por exemplo, Fido e sua camisa podem ter *algo em comum* em virtude do fato de ambos serem brancos, sem que seja necessário postular a existência de uma propriedade universal *ser branco* que Fido e sua camisa teriam em comum: por exemplo, Fido e sua camisa pertencem, ambos, a uma determinada classe de objetos (a de todas as coisas brancas). Contudo, pertencer à mesma classe ainda não explica *o que* Fido e sua camisa têm em comum (a saber, a sua cor). As classes são identificadas apenas por seus membros, ou seja, duas classes são idênticas se, e somente se, tiverem todos os seus membros em comum. E duas propriedades diferentes podem andar juntas – *de facto*, ou mesmo de forma necessária: por exemplo, a propriedade de ter uma superfície não transparente e a propriedade de ter uma cor. As classes de coisas com uma superfície não transparente e de coisas que têm uma cor são coextensivas e, portanto, também idênticas. Porém, as duas propriedades são diferentes e, assim, pertencer à mesma classe de objetos não pode equivaler a ter a mesma propriedade. Outra estratégia que os nominalistas usam é a de explicar a intuição de que dois objetos brancos têm algo em comum em termos de semelhança ou similaridade: dois objetos brancos parecem ter algo em comum porque se assemelham (o que não exige que haja literalmente algo que eles compartilhem). No entanto, mesmo esta proposta encontra suas dificuldades. Por um lado, os objetos podem ser semelhantes ou diferentes de maneiras diferentes. Fido pode ser semelhante à sua camisa na cor, mas diferente dela em tamanho e capacidade de se mover. Portanto, é necessário especificar como Fido e sua camisa são semelhantes – e, no nosso caso, isso é relativo à cor. Entretanto, isso parece reintroduzir a propriedade universal da cor, que os nominalistas queriam eliminar. Os nominalistas podem responder que *relativo à cor* qualifica a relação de similaridade de modo adverbial: Fido e sua camisa são semelhantes-na-cor e diferentes-no-tamanho. Essas são duas relações de similaridade distintas, uma das quais existe entre Fido e sua camisa e a outra não. Porém, isso nos conduz diretamente a outra dificuldade. O que devemos pensar sobre semelhança e similaridade? Não são relações gerais que até os nominalistas devem aceitar para explicar por que Fido e sua camisa se assemelham? (E o mesmo vale para as relações de similaridade mais específicas.)

Deve-se notar que esta última questão foi levantada também contra os defensores da teoria dos tropos; e é fácil perceber porquê. Mesmo para aqueles que argumentam que *todas* as propriedades são tropos, surge o problema de explicar em que sentido Fido e sua camisa possam ter algo em comum, porque literalmente, de acordo com a teoria dos tropos, eles não compartilham nenhuma propriedade. Alguns respondem que Fido e sua camisa têm tropos-cores que se assemelham, e isso explica a intuição de que exista algo que eles compartilham. Também aqui surge a questão de como tratar a relação de semelhança. Não deveria ela própria ser uma relação geral que pode ser instanciada em muitos casos diferentes e por muitos objetos diferentes?[2] Tanto os nominalistas quanto os teóricos dos tropos que tentam explicar a intuição de que Fido e sua camisa *têm algo em comum* em termos de semelhança, tentaram responder sugerindo, por exemplo, que a semelhança não é uma relação do mesmo tipo de outras. Não podemos entrar aqui, neste debate, mas é claro que os nominalistas têm ainda muito trabalho a fazer para responder ao terceiro argumento sobre o realismo das propriedades (assim como os teóricos dos tropos, já que o terceiro argumento apoia o realismo das propriedades universais, em vez daquelas particulares).

Finalmente, passemos ao quarto argumento, sobre o *realismo científico*. Este argumento é baseado em uma teoria específica das leis da

---

2. Este argumento foi desenvolvido por Russell (1912, cap. 9). Para algumas respostas dos teóricos dos tropos, cf. CAMPBELL, 1990.

natureza, a respeito da qual, entretanto, não faltam teorias alternativas. Por exemplo, alguns filósofos entendem as leis da natureza como afirmações universalmente quantificadas (e não como conexões entre universais). Consideremos, por exemplo, a lei $v = v_i + a * t^1$ (velocidade = velocidade inicial + aceleração * tempo). Podemos interpretá-la de duas maneiras: como pertencente às propriedades universais de velocidade e aceleração, ou como a tese que cada vez que um objeto é acelerado em certo nível, por um certo período de tempo, sua velocidade adicional é o produto do grau de aceleração e do tempo. Essa segunda interpretação, no entanto, tem algumas desvantagens teóricas: por exemplo, nem todos os objetos que são acelerados desta forma se movem com a velocidade especificada pela fórmula (por exemplo, um objeto pode ser parado repentinamente, no final do período, reduzindo sua velocidade a 0). Para enfrentar casos como esses, alguns nominalistas propuseram a adição de *cláusulas salvadoras* às reivindicações quantificadas universalmente, por exemplo, adicionando a cláusula *ceteris paribus*. Esses ou outros ajustes teóricos semelhantes possam talvez *salvar* a teoria em nível técnico. A questão de como entender as leis da natureza não é apenas uma questão de detalhes técnicos. Resta uma questão mais fundamental: essas leis da natureza são o resultado da uniformidade de ocorrências particulares no mundo (das quais são meras generalizações); ou, inversamente, essas leis estão na base da generalidade e regularidade nas ocorrências que observamos no mundo? Apenas no segundo caso essas leis podem ser usadas para *explicar* essa uniformidade – o que seria impossível no primeiro caso. (Não podemos explicar o fato de que todos os objetos acelerados têm uma velocidade igual ao produto do grau e do tempo de aceleração, referindo-se à lei da natureza sobre velocidade, se essa lei nada mais é do que uma afirmação geral que queremos explicar.) Consequentemente, no primeiro caso, o argumento para as propriedades gerais que é baseado no realismo, na prática científica permanece fraco, mas no último, pode ter melhores perspectivas.

Para resumir, nesta seção consideramos quatro dos argumentos mais populares para admitir as propriedades como entidades autônomas em nossa ontologia e vimos que, embora os dois primeiros não pareçam muito promissores, os dois últimos são muito mais. No entanto, nenhum argumento pode ser considerado conclusivo e, no final, a escolha entre aceitar ou não as propriedades na nossa ontologia deverá ser feita ponderando os diferentes prós e contras de cada opção. Aceitar as propriedades envolve custos, porque introduz uma nova classe de entidades que só podem ganhar um lugar em nossa ontologia se tiverem um papel explicativo a desempenhar. Caso contrário, por parcimônia ontológica, não podemos supor que tais entidades existam.

Por outro lado, não podemos supor que dar as substâncias como garantidas e questionar apenas outros tipos de entidades seja nossa única opção teórica, embora esta seja uma maneira tradicional e generalizada de pensar na metafísica. Existem também alternativas radicais, como admitir as relações, ou apenas as propriedades, e estabelecer que as substâncias sejam entidades *derivadas*. Os defensores do *realismo estrutural ôntico*, por exemplo, defendem que a estrutura relacional da realidade, como a física está descobrindo, é de alguma forma ontologicamente fundamental, e rejeitam a ideia de que existam naturezas intrínsecas. Alguns deles, de forma mais drástica, sustentam que a estrutura relacional é tudo o que existe (por exemplo, LADYMAN; Ross, 2007), enquanto outros (mais moderados) preferem postular que as substâncias existem, mas possuem naturezas relacionais (por exemplo, ESFELD, 2004).

2.3. Propriedades disposicionais (poderes) e propriedades categóricas

Existe uma grande variedade de propriedades que podem ser atribuídas aos objetos, e há muitas maneiras diferentes de classificá-las. Podemos, por exemplo, distinguir entre aquelas propriedades que os objetos possuem apenas em virtude de como são, sem considerar qualquer relação com outros objetos; essa é a distinção entre propriedades intrínsecas e propriedades extrínsecas. Por exemplo, *ser capaz de sentir dor física* parece ser uma propriedade intrínseca do ser humano; enquanto *ser maior que Fido* é uma de suas propriedades extrínsecas. Além disso, podemos distinguir entre propriedades essenciais e contingentes, para cada substância (ver a discussão sobre a natureza e a essência das substâncias nas seções 1.1 e 1.4). Por exemplo, para Sócrates, *ser humano* é uma propriedade essencial que ele não poderá perder enquanto continuar a existir, enquanto ser casado com Xantipa é sua propriedade acidental. Uma terceira distinção que nos ocupará nessa seção é aquela entre as chamadas propriedades categóricas e as disposicionais, ou poderes: intuitivamente, essa distinção é entre propriedades que caracterizam um objeto exclusivamente a partir de como ele é no presente, e aquelas que expressam como o objeto pode mudar, ou como ele se comportará em determinadas situações. As dimensões de um objeto ou sua forma pertencem, intuitivamente, à primeira categoria (ou seja, são propriedades categóricas), enquanto a fragilidade ou solubilidade na água pertencem à segunda.

Em nosso discurso comum, assumimos tacitamente que os poderes e as propriedades categóricas têm, ambos, o mesmo status ontológico. Um copo não apenas possui uma certa forma, mas também tem a tendência de quebrar quando atingido com certa força, sob determinadas condições. O que é essa disposição? Parece ser uma propriedade perfeitamente real, comum a copos, xícaras de porcelana, e qualquer coisa frágil. No entanto, muitos filósofos sustentam que a fragilidade, e todas as disposições e os poderes são propriedades cuja natureza é misteriosa ou *etérea* (como diz, por exemplo, GOODMAN, 1983, 40). Esse ceticismo é baseado, em grande parte, nas seguintes considerações. É evidente que a forma e o tamanho de um objeto são propriedades que determinam como o objeto é *agora*. No entanto, as coisas parecem diferentes no que diz respeito às disposições: por exemplo, um copo pode ser frágil sem nunca quebrar. Isso sugere, pelo menos de acordo com alguns filósofos, que quando atribuímos uma disposição ou um poder a um objeto, não estamos falando sobre como ele é realmente e no presente, mas apenas do seu *possível* comportamento e das propriedades que *pode* adquirir. Quando vistos de uma perspectiva empirista, os poderes despertam suspeitas ainda maiores. As propriedades categóricas, como o tamanho e a forma de um objeto, são propriedades perceptíveis e mensuráveis; os poderes, pelo contrário, não: olhando para um copo de vidro não se vê diretamente a sua fragilidade.

Enquanto na tradição aristotélica e escolástica predominava o realismo em relação à existência de poderes, a partir do século XVIII a existência de poderes tem sido objeto de forte ceticismo, particularmente por causa dos argumentos de David Hume. Hume tentou provar que o conceito de *poder* não satisfaz os critérios empiristas (por ele mesmo desenvolvidos), segundo os quais um conceito tem significado uma vez que os poderes não podem ser rastreados até qualquer *impressão original*. Tais impressões só podem ser obtidas de *qualidades sensíveis*, diretamente observáveis, como a cor, a forma etc., que "nunca se refiram a um evento que possa decorrer delas" (HUME, 1974, 63, tradução nossa). Esta última descrição de qualidades sensoriais exclui os poderes, pois, como veremos, uma das principais características dos poderes é que sua definição se refere a um evento que pode *seguir delas*.

Neste capítulo, argumentaremos – contra a posição humiana – que os poderes devem ser aceitos como propriedades genuínas na ontologia. Contudo, antes de entrar neste assunto, temos que dizer algo mais específico sobre a distinção entre poderes e não-poderes (ou seja, propriedades categóricas)[3]. Quais são as características que distinguem os poderes das propriedades que não são poderes? Como

---

3. Alguns filósofos não consideram os poderes e as propriedades categóricas como duas classes distintas de propriedades. Por exemplo, John Heil argumenta que: "a disposicionalidade de uma propriedade e sua qualidade são, como poderia ter argumentado Locke, a mesma propriedade, considerada de *modo diverso*" (2003, 112, tradução e itálicos nossos).

evidenciou George Molnar, são duas as características essenciais dos poderes. A primeira é a direcionalidade: "Um poder tem direcionalidade no sentido de que deve ser um poder *para ou em direção a* algum resultado. É esta direcionalidade que nos dá uma distinção *prima facie* entre poderes (ou disposições) e não-poderes" (MOLNAR, 2003, 57, tradução e itálicos nossos). Os poderes são direcionados para sua manifestação ou exercício; por exemplo, a fragilidade do vidro é direcionada para a sua quebra. O tipo de manifestação de um poder define[4], essencialmente, o tipo de poder[5]. Ao contrário dos poderes, as propriedades categóricas, como o tamanho ou as dimensões de algo, não são dirigidas essencialmente a uma manifestação específica. Isso nos oferece uma primeira distinção aproximada entre poderes e propriedades categóricas. A ocorrência da manifestação de um poder não é, todavia, essencial para a existência de um poder. Isso resulta na segunda característica essencial dos poderes, como disse Molnar: "Os poderes são ontologicamente independentes das suas manifestações. Eles podem existir mesmo quando não são exercidos, não foram exercidos e não o serão jamais" (Ibid., tradução nossa).

Desse modo, um copo pode ser frágil mesmo que nunca se quebre. Embora essa segunda característica dos poderes seja suficientemente clara, a primeira – a direcionalidade – é muito menos. Pode-se pensar que Molnar utilize uma simples metáfora. Como entender melhor essa característica dos poderes? A abordagem mais simples

---

4. Alguns filósofos acreditam que outros fatores como o estímulo ou as condições adequadas para a manifestação de um poder contribuam para sua definição; por exemplo, Alexander Bird (2007, 7).

5. No entanto, discute-se se a cada poder pertence *uma* manifestação essencial, ou se pode haver várias manifestações características para um poder (poderes que admitem apenas um tipo de manifestação, chamados *single-track*, *versus* poderes que admitem diferentes tipos, chamados *multi-track*). Se olharmos para os poderes de que falam as ciências naturais, parece que alguns deles admitem diferentes tipos de manifestação (por exemplo, a carga elétrica negativa de um elétron pode se manifestar tanto repelindo outro elétron, quanto atraindo uma partícula carregada positivamente). Porém, não podemos aprofundar essa discussão aqui.

a esse respeito, para distinguir entre propriedades categóricas e poderes, apela à nossa maneira comum de falar, na qual distinguimos os predicados (ou conceitos) disposicionais dos não disposicionais. No entanto, esta abordagem encontra dois problemas. Por um lado, como já vimos na seção 1.2, a relação entre propriedades e predicados não é assim tão clara; não podemos simplesmente assumir que a cada predicado usado em nosso discurso comum corresponda uma propriedade. (Lembremo-nos do famoso contraexemplo de Bertrand Russell.) Como podemos ter certeza de que a distinção entre os dois tipos de propriedade corresponda à distinção entre os dois tipos de predicados? E, por outro lado, nem sequer está claro que possuamos uma boa compreensão da distinção entre predicados disposicionais e predicados não-disposicionais, que seja independente da nossa compreensão da distinção entre dois tipos de propriedades. Para começar, os predicados disposicionais se apresentam em muitas formas diferentes. Alguns são formados anexando sufixos, como -il ou -ável, ao radical de um verbo (por exemplo, frágil ou quebrável); ou adicionando *inclinado a* na frente de verbos (ser inclinado a quebrar); mas, às vezes, formamos palavras completamente novas (por exemplo, ser elástico). Além disso, alguns predicados disposicionais se conectam diretamente a declarações condicionais, de modo que sua atribuição nos permite deduzir essas últimas declarações. (Como no caso da solubilidade em água: quando um objeto é solúvel em água, podemos inferir que, nas condições certas, ele se dissolverá ao entrar em contato com a água.) Outros predicados disposicionais, no entanto, não funcionam dessa maneira. (Por exemplo, *x é um explosivo instável* não nos diz nada sobre as condições nas quais x explodirá.) Essa grande variedade entre os predicados disposicionais pode nos tornar céticos sobre o fato de que se possa distinguir uma classe homogênea de propriedades que lhes corresponda, ou que possamos distinguir propriedades disposicionais baseando-se em predicados disposicionais: o que todos os predicados disposicionais têm em comum, pode ser apenas o fato de corresponderem às propriedades disposicionais.

Existem outras formas de distinguir as propriedades que possuam a direcionalidade que caracteriza os poderes das propriedades que não têm? Um critério alternativo é o modal[6]. Uma propriedade como a fragilidade refere-se a um certo efeito – o romper-se – porque, se um objeto é frágil, pode ou poderia quebrar-se sob certas condições. Se esse último não fosse verdadeiro, e se não existissem tais condições, teríamos que concluir que o objeto não é frágil. Isso parece ser verdade para todos os poderes (mesmo para o ser um explosivo instável): um objeto pode ter um certo poder apenas se puder ou pudesse manifestá-lo sob certas condições. (Essas condições são determinadas pelo tipo de poder em questão.) Este critério modal é apenas aproximativo, porque não é claro que não haja também alguma propriedade categórica que o satisfaça. (Por exemplo, se uma esfera tem 10 cm de diâmetro e a deixamos cair no centro de um buraco de 10 cm de diâmetro, ela necessariamente cairá dentro dele. No entanto, a forma da esfera é, frequentemente, considerada uma propriedade categórica e não disposicional, da esfera.) Embora aproximativas, essa distinção é tudo o que precisamos para prosseguir[7].

2.4. Os poderes são propriedades genuínas e irredutíveis?

Voltemos agora à nossa pergunta sobre os poderes, ou seja, se esses devem ser aceitos como propriedades genuínas por si mesmos na ontologia. O ceticismo de muitos filósofos analíticos é bem expresso na seguinte passagem de Nelson Goodman:

> As disposições ou capacidades de uma coisa – a sua flexibilidade, inflamabilidade, solubilidade – não são menos importantes para nós

---

6. Bird (2007) propõe outro critério modal, que segue mais de perto o condicional, que se certas condições forem aplicadas, o objeto deve reagir da maneira especificada. Cf. também MARTIN; HEIL, 1999, 49 ss.

7. Para uma discussão interessante sobre a distinção, cf. HAWTHORNE; MANLEY (2005).

do que seu comportamento manifesto, mas em comparação, elas nos parecem bastante etéreas. E assim, nos perguntamos se podemos torná-las mais *terrestres*; e, portanto, se podemos explicar os termos que indicam as disposições sem referência aos poderes ocultos (GOODMAN, 1983, 40, tradução nossa).

Como tornar as disposições mais *terrestres*? Isso pode ser feito, por exemplo, oferecendo uma análise redutiva das afirmações que usam termos que indicam disposições e poderes. Se fosse possível mostrar que essas declarações podem ser compreendidas sem assumir que existem os poderes além das propriedades categóricas, nossa principal razão para admitir os poderes em nossa ontologia desapareceria. Os céticos em relação aos poderes tentaram oferecer essa análise; talvez, a mais conhecido seja a de Gilbert Ryle, que escreve:

> Possuir uma propriedade disposicional não é o mesmo que estar em um estado particular ou passar por uma determinada mudança; significa estar destinado a, ou inclinado a estar em um estado particular, ou a sofrer uma mudança particular, quando uma condição particular é realizada (RYLE, 1949a, 43, tradução nossa).

De maneira mais esquemático, podemos expressar a ideia de Ryle como segue. De acordo com sua análise condicional,

> Algo é inclinado a t para dar uma resposta r a um estímulo s se: x fosse submetido ao estímulo s, no tempo t, então x daria uma resposta r.

A análise condicional é, pelo menos *prima facie*, muito atraente, porque explora a conexão entre as muitas atribuições de poderes e as condicionais, como já discutimos na seção 2.3. No entanto, hoje, é quase universalmente aceito que a análise condicional dos poderes, em suas diversas versões, tem sido refutada através do uso de exemplos conhecidos como os *informantes* (*finks*) e as *máscaras* (*masks*). C. B. Martin (1994) e outros mostraram que a parte direita do bicondicional, que fornece uma análise dos poderes, não é nem necessária nem suficiente para que o objeto em questão possua o poder. Consideremos o seguinte caso, envolvendo a presença de um informante.

Imagine que um cabo de aço tenha a propriedade de ser um condutor de eletricidade. A atribuição da propriedade de ser condutor de eletricidade, segundo a análise condicional, pode ser reduzida ao seguinte condicional: *se o cabo recebesse corrente elétrica, ele a transmitiria*. Imagine, agora, que o cabo esteja conectado a um instrumento de informação que registra fielmente se o cabo está prestes a receber corrente elétrica e que, em tal caso, torna o fio instantaneamente inerte e incapaz de conduzir corrente elétrica, pelo menos durante a ação do informante. Nesse caso, o condicional contrafactual, proposta como análise para *o cabo tem o poder de conduzir eletricidade*, não é satisfeita; se o cabo recebesse corrente elétrica, não a transmitiria. Não obstante, o cabo, hipoteticamente, tem esse poder. Isso nos mostra que satisfazer o relativo condicional não é necessário para ter a disposição em questão. E não é difícil imaginar casos *reversos*, em que um informante inverso torna ativo um cabo incapaz de atuar como condutor (por exemplo, porque está danificado), quando a eletricidade está prestes a alcançá-lo. Tais casos de *informante reverso* mostram que satisfazer o condicional não é suficiente nem mesmo para ter o poder em questão.

Os casos de informantes e informantes reversos têm, em linhas gerais, a mesma estrutura: são casos em que o estímulo ou outra coisa relacionado com o estímulo fazem com que um objeto perca ou adquira o poder em questão, bem no momento em que o estímulo está prestes a ativar o poder. O estímulo, ao invés de (ou além de) ativar o poder do objeto, muda os seus poderes. Por isso, a análise condicional encontra dificuldades significativas com esses casos; porque nega que os poderes sejam propriedades genuínas (lembre-se do projeto eliminativista que está por trás dessa análise). E, se os poderes não são aceitos como propriedades genuínas, não nos surpreende que os casos em que os poderes mudam não possam ser analisados.

No caso das chamadas *máscaras*, os estímulos, por outro lado, não comportam uma mudança no objeto em relação ao poder em questão. Nesses casos, a manifestação do poder é bloqueada por outros fatores causais. Por exemplo, o poder do veneno de matar um organismo, se ingerido, pode ser bloqueado pelo poder do antídoto, se este for ingerido a tempo (MOLNAR, 2003, 93). Em tais casos, o condicional que deveria ser equivalente à atribuição da disposição (*se o veneno for ingerido por um organismo, este organismo morrerá*), é falso; não obstante, o objeto (no nosso exemplo, o veneno) possui o poder em questão (ou seja, o poder de matar um organismo, se ingerido).

À luz dessas dificuldades com a análise condicional, muitos filósofos optaram por uma análise causal das atribuições dos poderes. Esquematicamente, a análise é a seguinte:

> Um objeto x está inclinado, em um tempo t, a dar uma resposta r a um estímulo s se, e somente se, x possui alguma propriedade B que levaria x a dar uma resposta r se x fosse submetido a um estímulo s no tempo t.

Obviamente, se a análise deve ser redutiva, B não pode ser, ele próprio, um poder; deve ser uma propriedade categórica (a *base categórica* do poder). Essa nova análise consegue evitar os problemas que a análise condicional já encontrou, e/ou encontra de novo? Em primeiro lugar, os contraexemplos (*finkishness cases*) dados pelos informantes permanecem. Consideremos novamente, o caso do informante, em que o cabo é capaz de transmitir a eletricidade, mas é tornado inerte pelo informante. Podemos supor que, nesse caso, o informante atua, fazendo com que o cabo perca sua propriedade categórica B. Então, fica claro que o condicional, que deveria analisar a posse da disposição *ser capaz de conduzir eletricidade*, é falsa, mesmo que o cabo permaneça capaz de conduzir eletricidade antes que o informante seja acionado. (Permanecem válidos, similarmente, os casos das máscaras.)

Além disso, a análise causal deve enfrentar um outro problema, a saber, o das cadeias causais desviantes: mesmo que o estímulo e a propriedade categórica B fizessem dar ao cabo uma resposta r, poderiam fazê-lo da maneira *errada*, porque a resposta conta como uma manifestação de poder. Imaginemos, por exemplo, que um pedaço de borracha, insolúvel em água, tenha a propriedade categórica de ter uma forma esférica. Um mágico com um ódio inexplicável por objetos esféricos decidiu destruir o pedaço de borracha se fosse colocado na água. O mágico torna o pedaço de borracha solúvel em água, usando um feitiço no exato momento em que a esfera de borracha está para entrar na água. Assim, esta esfera de borracha possui uma propriedade categórica – ser de forma esférica – que faz com que a esfera se dissolva se entrar em contato com a água (devido à intervenção do mágico) e, consequentemente, satisfaz o lado direito do bicondicional de análise causal. No entanto, o pedaço de borracha, hipoteticamente, não é solúvel em água, o que mostra que a análise é falsa. Várias alterações foram propostas para salvar a análise causal desses e de outros problemas. (A mais famosa é a análise de David Lewis, 1997.) Mas essas alterações geraram apenas contraexemplos ainda mais complicados. Não podemos, nesse contexto, entrar em todas as ramificações deste debate. No entanto, podemos concluir que, em geral, prevalece hoje o ceticismo sobre a possibilidade de fazer uma análise redutiva da atribuição dos poderes, porque há tantas razões para pensar que tal análise seja circular, ou que envolva condicionais tão complicados que permaneceria preferível aceitar os poderes como propriedades genuínas.

Por conseguinte, nos últimos trinta anos, um número cada vez maior de filósofos reconheceu os poderes como propriedades genuínas, por direito próprio. O fracasso das análises redutivas foi um fator importante nessa mudança, mas não o único. Outro motivo importante foram as considerações que apresentamos brevemente sobre o realismo científico, e o reconhecimento de que muitas ciências se referem aos poderes (como a carga elétrica ou a massa, na física) e, até mesmo, as consideram propriedades fundamentais da natureza; essa é uma boa razão para assumir que essas propriedades sejam propriedades genuínas. Além disso, se os poderes caracterizam como um objeto deve se comportar em determinadas circunstâncias, eles podem explicar certos tipos de necessidade (por exemplo, a necessidade física: dois elétrons *devem*, *ceteris paribus*, se repelir, dados os poderes que possuem). Esses tipos de necessidades podem ser usados para explicar o estado das leis da natureza, e esta opção é particularmente atraente para os filósofos que não querem ver as leis naturais como meras descrições de padrões gerais de comportamento (ou seja, afirmações universais sobre como todos os objetos se comportam). (Discutiremos com mais detalhes no capítulo 3 se, e como é possível, explicar as modalidades através dos poderes.)

Esse conjunto de considerações tem levado ao renascimento daquelas que são chamadas posições *neo-aristotélicas* sobre poderes. Esse *revival* tem ramificações em muitas áreas da metafísica e da filosofia em geral, que ainda não foram totalmente investigadas. (Uma área particularmente importante em que o realismo sobre poderes pode fazer uma diferença crucial é o debate sobre causalidade, sobre a qual retornaremos no capítulo 4.) Mesmo no campo da ontologia da propriedade, o realismo dos poderes levantou uma série de questões, para muitos filósofos. Em particular, assim como a teoria de Hume tentou avançar com propriedades categóricas enquanto rejeitava poderes, alguns defensores de poderes acreditam, pelo contrário, que poderíamos dispensar as propriedades categóricas, e assumir que *todas* as propriedades são poderes. É sobre esse debate que nos deteremos na próxima seção.

2.5. Pode haver um mundo apenas de poderes *puros*?

Os poderes são tudo o que precisamos em nossa ontologia? Uma teoria que está chamando a atenção na metafísica oferece uma resposta positiva a essa pergunta, pelo menos no que diz respeito aos elementos fundamentais da realidade. De acordo com essa teoria, tudo o mais que existe no mundo físico, incluindo as substâncias, deriva dos poderes e da sua composição. Uma variante ainda mais radical da teoria é que os elementos fundamentais da realidade são todos e, exclusivamente, poderes *puros*. O que são poderes puros? Entre os poderes, podemos distinguir aqueles poderes que têm, também, um aspecto categórico, puramente *qualitativo* ou que estão necessariamente ancorados em uma base categórica, e, aqueles que não estão. Consideremos, por exemplo, a solubilidade de um cubo de açúcar em água: essa parece depender necessariamente do fato de o açúcar ter uma certa estrutura interna tal que possa ser dissolvido. (Sem tal estrutura, não poderíamos nem sequer imaginar que se dissolva.) Em contraste, consideremos a carga elétrica de um elétron: essa não parece ter nenhum aspecto categórico, nem ser ancorada em qualquer outra propriedade categórica do elétron. E, de fato, não *pode* ser ancorada em tal propriedade categórica adicional, porque a natureza do elétron é definida simplesmente em termos de seus poderes (carga e massa). Esse último tipo de poderes, que não possuem qualquer aspecto categórico, nem estão ancorados em uma base categórica, são chamados de poderes *puros*. Poderia o mundo ser construído exclusivamente com poderes puros – ou pelo menos as propriedades fundamentais (das quais todas as outras derivam) podem ser poderes puros? A física de hoje nos faz pensar que essa possibilidade não é tão implausível quanto pode parecer *prima facie* – na verdade, é uma possibilidade que a física parece levar muito a sério.

No entanto, essa teoria encontrou várias objeções. Talvez a crítica mais conhecida seja o argumento chamado *Always packing, never travelling*, de acordo com o qual, em um mundo de apenas poderes, a mudança seria simplesmente a transição de um estado em potência do mundo para outro, sem que nada nunca esteja em curso. Seguindo C. B. Martin (1993), David Armstrong (1997, 80) formulou o argumento da seguinte forma: em ontologias que incluem apenas poderes puros (isto é, sem uma base categórica) ao fundamento do real, "parece que os particulares, ao mudar de propriedade, continuam incessantemente a refazer suas malas sem, contudo, jamais empreender a jornada da potência ao ato" (ARMSTRONG, 1997, 80, tradução nossa). O argumento de Armstrong levanta dificuldades para a posição defendida por muitos metafísicos contemporâneos, segundo a qual a ativação de um poder em potência é, meramente, um *salto* instantâneo de um poder em potência à sua manifestação, que é *um outro poder em potência* (por exemplo, MUMFORD; ANJUM, 2011). Uma teoria de poderes que não permitisse aos poderes, quando ativados, exercer seu poder seria no mínimo bizarra – e, no entanto, esta parece ser a posição daqueles que sustentam que a manifestação de um poder é simplesmente um novo poder em potência[8]. Tal concepção da manifestação do poder põe uma rede de poderes em potência em que nada nunca é real, segundo a crítica levantada por Armstrong. Não há *viagem* da potência ao ato nessa ontologia; e isso não é porque nada acontece em um mundo de apenas poderes (poderes são exercidos), mas porque a manifestação de um poder é uma passagem, imediata, para outro poder em potência. O argumento de Armstrong, muito discutido na literatura, motivou, por exemplo, a seguinte resposta de Stephen Mumford e Rani L. Anjum:

> Pensando bem, a ideia de causalidade como uma transferência de poder começa a ser muito atraente para os pandisposicionalistas[9] (MUMFORD, 2009). Alguns exemplos ilustrarão este ponto. Chega-se de um lugar frio e senta-se em frente ao fogo. Sentamo-nos em frente ao fogo porque é quente, o que para os pandisposicionalistas significa que esse tem o poder de aquecer nosso corpo. A ação causal ocorre quando o fogo aquece nosso corpo, mudando-o de frio para quente. Armstrong responde que tal ação causal, para os pandisposicionalistas, consiste em uma simples transferência de poder. No presente caso, isso significaria dizer que o calor do fogo, que consiste no seu ter o poder de aquecer qualquer outro objeto, é transmitido a você. Mas isso soa como algo realmente correto (MUMFORD, 2011, 5-6, tradução nossa).

---

8. Mumford e Anjum, por exemplo, escrevem: "A manifestação do poder [...] será ela mesma um poder *adicional* ou um conjunto de poderes [adicionais]" (2011, 5, tradução e grifos nossos).

9. Isto é, aqueles que acreditam que todas as propriedades sejam poderes.

No entanto, esta resposta levanta vários problemas, tanto no que diz respeito ao caso específico que Mumford e Anjum discutem, quanto no que diz respeito à mudança e à causalidade, em geral. Em relação ao caso do fogo que o aquece: como, em termos metafísicos, se dá a *passagem de poderes*? Qual é o mecanismo de transferência dos poderes? É a mesma instância de poder que é, de algum modo, *transferida* do fogo para você? (Parece difícil dar sentido a tudo isso, especialmente sem uma explicação dos critérios de identificação para os poderes que, aqui, estão em jogo.) E, além disso, não está claro se o primeiro objeto perde o poder que é passado para ao segundo objeto, ou se o poder é *recriado*. E ainda, mesmo que a explicação de Mumford e Anjum funcionasse, no caso desse exemplo, como se pode aplicar a outros casos? Como se explica, por exemplo, o que acontece no caso de um vaso que se quebra? (discutido por MARMODORO, 2017). Que poder seria transferido – e por qual objeto seria adquirido (já que o vaso não existe mais, após essa suposta transferência)?

Uma resposta alternativa ao argumento de Armstrong é oferecida por Marmodoro, que defende que um poder e sua manifestação não devem ser pensados como numericamente distintos; a manifestação de um poder é o próprio poder, em *estado de atividade*. Segundo Marmodoro (2014), é assim que Aristóteles concebeu os poderes: de uma maneira radicalmente diferente da maioria dos metafísicos contemporâneos. Na maior parte das teorias modernas, segundo as quais a manifestação de um poder é, ela própria, um poder, a manifestação é um *novo* poder, que é gerado quando o primeiro poder é exercido. Por exemplo, de acordo com a teoria de Mumford e Anjum, o poder de um cubo de gelo de resfriar a limonada no copo se manifesta na nova – mais baixa – temperatura da limonada, que é um poder a mais (cf. MUMFORD; ANJUM, 2011, 121). Segundo Aristóteles, ao contrário, argumenta Marmodoro, o exercício de um poder não é uma nova propriedade, mas sim um estado diferente do mesmo poder.

Essa diferença na concepção dos poderes, entre Aristóteles e teóricos contemporâneos como Mumford e Anjum, tem repercussões importantes sobre como os poderes são pensados: se como propriedades relacionais ou não (para as propriedades relacionais, ver o a próxima seção). As ontologias dos poderes puros, como a de Mumford e a de Anjum, são ontologias relacionais – os poderes em potência são concebidos como essencialmente relacionados a outros poderes em potência, ou seja, às suas manifestações. Ao contrário, a ontologia dos poderes de Aristóteles não é relacional. Uma vez que um poder em potência e um em exercício são numericamente a mesma propriedade, não há necessidade de uma relação que conecta o poder com sua manifestação. Isso permite à concepção aristotélica dos poderes responder à objeção de Armstrong. No mundo de Aristóteles, a manifestação de um poder não é *uma viagem* em direção a outra coisa, ou seja, um novo poder em potência; mas é, simplesmente, o exercício de um poder ativado[10].

John Heil levanta mais objeções (listadas abaixo) a uma ontologia de apenas poderes puros, com um argumento semelhante, mas não idêntico ao de Armstrong.

> Suponhamos que os *A* nada mais sejam do que poderes para produzir os *B*, que os *B* sejam, por sua vez, poderes para produzir os *C*, que os *C* não sejam nada mais que poderes para produzir os *D*... e assim por diante para cada coisa espaçotemporal concreta. Como pode funcionar esse mecanismo? Imaginemos uma fila de peças de dominó dispostas de tal forma que, quando a primeira cai, faz cair também a segunda, que por sua vez faz cair a terceira, e assim sucessivamente, e que *tudo o que* a primeira peça de dominó possui é o poder de fazer cair a segunda, e que *tudo o que* a segunda possui é o poder de deixar-se cair e o de fazer cair a terceira, e assim por diante. Se tudo o que uma peça de dominó é, é o poder de fazer cair e de ser derrubada pelos dominós ao seu lado, *nada acontece: nenhuma peça de dominó cai porque não há nada – coisa nenhuma – para fazer cair* (HEIL, 2003, 98, tradução e itálico nosso).

---

10. Marmodoro desenvolveu esse conceito em uma nova metafísica dos poderes, denominada estruturalismo dos poderes (cf., MARMODORO, 2014).

Vimos que o argumento de Armstrong pressupõe que o mundo seja uma sequência de poderes em potência que, à medida que se manifestam, são constantemente substituídos por outros poderes em potência; não há nada mais no mundo além de poderes em potência. Em vez disso, o argumento de Heil se concentra na hipótese de que, em um mundo de poderes puros, o objeto sobre o qual um poder exerce sua eficácia causal não é ele mesmo nada mais que poderes correspondentes em potência. Essa hipótese, contudo, não é plausível porque, no caso de poderes como aqueles do dominó, de fazer cair outra peça, esses poderes pressupõem a complexidade do objeto que os possui e outras propriedades desse objeto – seu tamanho, forma, peso, dureza etc. Muitos desses poderes de um dominó serão constantemente ativados, manifestando-se na presença de outros poderes do dominó, mesmo quando o poder de fazer cair não se manifesta. Em suma, existe uma peça de dominó que pode ser derrubada, e esse dominó é algo mais do que o poder (em potência) de fazer-se derrubar e o poder de fazer cair qualquer outra coisa (MARMODORO, 2017).

Para concluir, argumentos como os de Armstrong e Heil foram abordados de várias maneiras na literatura, mas não há acordo entre os metafísicos quanto à possibilidade ou não de um mundo de poderes puros. A discussão anterior já introduziu o próximo tema que iremos abordar, que são as relações. Precisamos de relações em nossa ontologia? Podemos reduzi-las a categorias de entidades mais fundamentais? Existe uma tipologia de relações, como existe a de propriedades? Trataremos dessas questões na próxima seção deste capítulo.

2.6. Relações e propriedades monádicas[11]

Até agora, consideramos apenas as propriedades monádicas, isto é, as propriedades possuídas por objetos individuais, em vez daquelas

---

11. Essa seção se inspira em parte em MARMODORO; YATES, 2016, *Introdução*.

existentes entre objetos diferentes ou que conectam objetos diferentes entre si. Voltemo-nos, agora, para relações como *ser maior que*, *estar a certa distância de* etc. Em parte, as questões ontológicas levantadas pelas relações são as mesmas levantadas pelas propriedades (essas questões se sobrepõem amplamente, em particular no que diz respeito ao debate sobre realismo *versus* nominalismo); mas há outras complicações para as relações, que consideraremos nesta seção. Pode-se pensar na metafísica de relações como a tentativa de responder a duas perguntas: 1. Que tipos e estados de relações existem, e como podemos explicá-las? 2. Qual é o estado ontológico das relações? Uma área importante do debate mais recente trata principalmente da primeira questão, inspirada em grande parte pela obra de Kit Fine (2000), e diz respeito, de forma particular, à existência de relações não-simétricas (isto é, relações R, tais que aRb não implica bRa; por exemplo, no caso em que Abelardo ama Heloísa, mas Heloísa não ama Abelardo). Uma hipótese defendida por Bertrand Russell e outros é que, dadas duas possíveis direções para as relações (de Abelardo para Heloísa e de Heloísa para Abelardo), as relações assimétricas *mantêm juntos* os seus *relata* em uma particular direção entre as duas possíveis (de Abelardo a Heloísa). As duas direções correspondem a estados relacionais distintos (RUSSELL, 1903)[12]. No entanto, como observa Fine, isso significa que *amar* e *ser amado* são relações necessariamente distintas; embora pareça intuitivamente claro que *Abelardo ama Heloísa* e que *Heloísa é amada por Abelardo*, descrevem *apenas um* estado relacional e que, portanto, deveria haver apenas uma relação entre os dois. Este problema levanta dificuldades para aqueles que afirmam que as relações não-simétricas existam. Para evitar os problemas gerados por Fine, a partir de seu estudo das relações não-simétricas, alguns filósofos negam a existência de qualquer estado relacional e, em geral, das relações, ainda que admitam que possamos enunciar verdades

---

12. Fine (2000) chama essa posição de *direcionalismo*.

relacionais; tais verdades, para eles, são tornadas verdadeiras por propriedades monádicas. Por exemplo, a afirmação *Sócrates é mais alto que Platão* é tornada verdadeira pela instanciação, por Sócrates e Platão, de propriedades monádicas como *ter 1,80 cm de altura* e *ter 1,85 cm de altura*[13].

A teoria de que todas as relações podem ser reduzidas, dessa maneira, à posse de propriedades monádicas, tem uma longa tradição. De acordo com Platão, Aristóteles e a maioria dos filósofos medievais, não existem propriedades relacionais irredutíveis. Aristóteles, sobre cujas ideias nos concentraremos aqui, considera as relações do tipo *ser escravo de* como redutíveis a propriedades monádicas que (por exemplo) Sicino e Temístocles possuem. É fundamental observar que as propriedades em questão não são simplesmente ser um escravo e ser um senhorio, mas sim, ser um escravo *de* e ser um senhorio *de*, respectivamente. A propriedade de Sicino de *ser escravo de* de alguma forma *refere-se* a Temístocles, e a propriedade correspondente de Temístocles de *ser senhorio de* refere-se da mesma forma a Sicino. Então, o que pode parecer a instanciação de uma única propriedade relacional entre Temístocles e Sicino, e possuída por ambos, é, em vez disso, para Aristóteles, a instanciação por Temístocles e Sicino de duas propriedades monádicas distintas, cada uma em certo sentido direcionada para a outra: *ser o escravo de Temístocles* e *ser o senhorio de Sicino*. Embora nem Platão nem Aristóteles tenham elaborado detalhadamente essa teoria redutiva de relações, os textos que temos nos permitem especular sobre o motivo pelo qual é plausível atribuir essa posição a ambos. Um primeiro motivo é que, para os filósofos antigos, as propriedades são instanciadas por sujeitos individuais; particularmente para Aristóteles, isso ocorre porque as substâncias individuais são as entidades primordiais na ontologia e

---

13. No entanto, como veremos, não há consenso de que todas as verdades relacionais possam ser explicadas dessa maneira.

as propriedades dependem delas existencialmente (como já vimos no capítulo 1). Sujeitos individuais como Temístocles e Sicino possuem as *fronteiras ontológicas* que demarcam o ser de cada sujeito, de acordo com os critérios aristotélicos de substancialidade, como expressos na *Metafísica*, VIII, 3. Na ontologia de Aristóteles, não podem, por isso, existir propriedades relacionais porque enfraqueceriam a supremacia ontológica e os limites de cada substância, porque pertenceriam (da mesma forma) a todos os *n relata* de uma relação *n*-ádica, como se estivessem divididos e distribuídos entre todos os sujeitos em questão (Sicino e Temístocles, em nosso exemplo). Um segundo motivo é que, para os filósofos antigos, não é possível que dois ou mais indivíduos, tomados juntamente, formem um único sujeito, hipoteticamente um sujeito *dual* constituído, por exemplo, por Temístocles e Sicino (Aristóteles rejeita explicitamente que as substâncias possam ser compostas). No entanto, esse é exatamente o tipo de sujeito que seria necessário como portador de uma propriedade relacional poliádica, para manter os atributos dentro dos limites ontológicos de um único sujeito. Finalmente, um terceiro motivo é que, para os filósofos antigos, as propriedades são características graças às quais os indivíduos são qualificados de uma forma ou de outra. Por exemplo, a natureza da propriedade vermelha, inerente a uma maçã, é o que explica (metafisicamente) como nos parece uma determinada maçã. Como as relações poliádicas *assimétricas*, qual *ser escravo de*, poderiam desempenhar esse papel se admitidas na ontologia? Como pode uma *única* propriedade relacional poliádica explicar, por exemplo, o ser patrão, de Temístocles, e o ser escravo, de Sicino? Mesmo supondo a existência de um único sujeito composto dos indivíduos relacionados que possuam essa propriedade relacional (coisa que, como vimos anteriormente, os antigos não teriam admitido), como poderia tal propriedade única explicar as diferentes caracterizações daquele sujeito, com relação a múltiplos sujeitos que o compõem? (Deveria explicar coisas diferentes sobre Temístocles e Sicino, ou seja, que um é senhor, e o outro é escravo do primeiro.)

No entanto, a ideia de que as relações poliádicas possam ser reduzidas a instâncias de propriedades monádicas, de alguma forma direcionadas umas às outras, deixou de ser influente na história da metafísica apenas no início do século XX, principalmente por Russell (1903, 212-214). Russell argumenta que a teoria aristotélica, como apresentada acima, não pode eliminar as relações, porque as propriedades aparentemente monádicas que a teoria evoca (*ser escravo de Temístocles* e *ser senhor de Sicino*), incluem, em si mesmas, um aspecto relacional. Para Russell, a razão é essa: como já sublinhado, para Aristóteles, Temístocles não possui a propriedade *simpliciter* de ser *senhor de*; em vez disso, ele é *senhor de* relativamente a Sicino. Da mesma forma, Sicino não é *escravo de*, pura e simplesmente, mas relativamente a Temístocles. Então, o que significa ter uma propriedade *relativamente* a outra coisa?

> Na frase *L é (maior que M)*, as palavras entre parênteses são entendidas, à primeira vista, como um adjetivo de *L*; no entanto, quando examinamos esse adjetivo, fica imediatamente aparente que ele é mais complexo, e que consiste em pelo menos duas partes: *maior* e *M*, e que ambos são suas partes essenciais. [...] O adjetivo que qualifica *L* inclui uma referência a *M*; mas o que se entende por referência não é claro [...]. Um adjetivo que implica uma referência a *M* é, simplesmente, um adjetivo que é relativo a *M*, e essa é apenas uma maneira problemática de descrever uma relação (RUSSELL, 1903, 214, tradução nossa).

A ideia de Russel é que, embora possamos nos referir à propriedade possuída por Temístocles, usando um predicado complexo, *ele é o senhor de Sicino*, isso não significa que a propriedade, em si, seja monádica. De acordo com Russell, ser senhor de Sicino comporta uma relação *com Sicino* e, portanto, o que parece à primeira vista uma propriedade monádica é (em suas palavras), "apenas uma maneira complicada de descrever uma relação" (Ibid., tradução nossa). A maioria dos metafísicos contemporâneos aceita essa crítica (embora haja exceções) e, consequentemente, sustenta que, se aceitamos as propriedades como entidades autônomas, em nossa ontologia devemos aceitar também as relações.

No entanto, embora existam posições influentes na metafísica contemporânea que defendam as relações como irredutíveis, os céticos da irredutibilidade têm outras estratégias à sua disposição. Há pelo menos duas maneiras de argumentar contra a tese de que existem propriedades relacionais irredutíveis. Pode-se argumentar, caso a caso, que as verdades relacionais putativas são tornadas verdadeiras por propriedades monádicas; ou, pode-se contestar, *a priori*, a própria ideia de uma propriedade irredutivelmente relacional. Como vimos, os filósofos antigos e medievais fomentaram essa última estratégia, enquanto os metafísicos contemporâneos, que são céticos quanto à existência das relações, adotam preferencialmente a primeira. A falta de acordo na metafísica, sobre este ponto, indica que ainda há muito trabalho a ser feito.

2.7. Conclusões

Neste capítulo, examinamos as propriedades e as relações, discutimos alguns dos argumentos a favor e contra a sua admissão, na ontologia, como entidades por direito próprio, e esboçamos os desenvolvimentos mais recentes na metafísica das propriedades, que têm a ver com o estudo dos poderes.

3
A modalidade

3.1. Introdução

O que nos interessa das coisas do mundo não é apenas a maneira como são feitas, ou as propriedades que, nesse momento, possuem. Frequentemente, os modos como *poderiam* ser ou mudar – e as propriedades que *poderiam* ou *deveriam* ter – são igualmente importantes para nós. Por exemplo, imagine morar perto de uma usina nuclear e estar preocupado, porque ouviu falar que pode haver acidentes e explosões em usinas nucleares desse tipo; certamente, não se sentiria tranquilo se lhe dissessem que, no momento, não há nenhuma explosão em andamento na usina, mas que poderia haver no futuro. Nossas afirmações sobre o que pode ou deve acontecer se distinguem daquelas que descrevem como as coisas estão, no momento presente, em relação à *modalidade* que está em jogo. Existe uma grande variedade de expressões modais que estamos acostumados a usar na fala cotidiana, e uma tarefa importante dos teóricos da modalidade é oferecer uma sistematização das inúmeras expressões modais que usamos, e explicar como essas formas se relacionam entre si[1]. Consideremos os exemplos apresentados abaixo.

    a) Não é possível para nós homens chegar a Marte. (Ainda não há espaçonaves que possam nos levar a um planeta tão distante.)
    b) Nada pode viajar mais rápido do que a luz. (É uma lei da natureza.)
    c) Não se poderia ter nascido de pais diferentes. (Uma pessoa nascida de dois pais diferentes seria outra pessoa.)
    d) Não se pode estar dormindo e acordado ao mesmo tempo. (Isso seria uma contradição lógica.)
    e) Esse antigo teatro, descoberto recentemente, não pode ser datado antes de 2.000 a.C. (As evidências arqueológicas que coletamos descartam essa possibilidade.)

Esses cinco exemplos descrevem impossibilidades muito diferentes umas das outras. O primeiro caso descreve uma *impossibilidade física*, não absoluta, mas sim *relativa à nossa situação presente*. Trata-se de uma impossibilidade que tem a ver com o estado da nossa tecnologia atual, e esse estado pode mudar com o tempo. No segundo caso, porém, trata-se de uma impossibilidade física que nenhum avanço tecnológico poderá mudar. Em contraste com esses dois primeiros tipos de necessidade, o terceiro caso é frequentemente lido como um caso que expressa uma *necessidade metafísica*, baseada não nas leis da natureza, mas nas propriedades essenciais do objeto em questão (nesse caso, você). O quarto é um caso de *impossibilidade lógica* decorrente do significado dos termos e conjunções usados. O último, é um caso de *impossibilidade epistêmica*, no sentido de que algumas possibilidades podem ser descartadas com base nas evidências científicas disponíveis (aquelas que consideramos, no momento,

---

1. Por razões de espaço, seremos capazes de apresentar a questão apenas brevemente. Para uma discussão mais aprofundada, consultar Menzel (2014; 2016) e Kment (2017), dos quais o segundo e o terceiro exemplos são retirados diretamente.

mais confiáveis). Algumas das modalidades exemplificadas pelos cinco casos – a necessidade lógica, por exemplo – têm sido, geralmente, reconhecidas como tais e investigadas na história da filosofia. Outras formas de necessidade são, muitas vezes, entendidas em termos de necessidade lógica. Por exemplo, pode-se interpretar *É necessário, do ponto de vista físico, que p*, como *Dadas as leis da natureza, é necessário que p*. A verdade dessa segunda afirmação dependerá do fato que as leis da natureza implicam *p* ou não, e que, uma afirmação implique outra tem a ver com a necessidade lógica. As afirmações que expressam uma necessidade epistêmica podem ser tratadas de forma semelhante. Não é tão fácil, porém, reformular enunciados do terceiro tipo, aqueles que expressam uma necessidade metafísica, de tal modo que possam ser analisados como *dado q, então p é necessário*. Afirmações do terceiro tipo nos dizem que algumas propriedades são essenciais e são tais que determinam a natureza do objeto individual[2]. Na maior parte desse capítulo, nos concentraremos nessa forma de necessidade: sobre a natureza das propriedades essenciais e sobre as várias versões do essencialismo.

Para chegar a esses temas, faremos uma breve introdução ao essencialismo de Aristóteles (seção 3.2); em seguida, nos dedicaremos aos desenvolvimentos da teoria no século XX (seção 3.3), também nos detendo nas críticas feitas ao essencialismo no âmbito da tradição do positivismo lógico, que dominou a filosofia analítica inicial, isto é, quando necessidade e possibilidade eram, geralmente, vistas como *propriedades de afirmações ou proposições* e não como propriedades de objetos ou modos de ser. Apresentaremos os argumentos utilizados por Quine contra o essencialismo. No clima positivista, em meados do século passado, recusar o essencialismo era a norma: essa rejeição

---

2. Essa determinação nem sempre está incluída no significado da expressão com a qual nos referimos a esse objeto. Por exemplo, o nome *Sócrates*, por si só, não implica nada a respeito de quem são os pais do filósofo grego – algo que aceitam, mesmo os filósofos que acreditam haver verdades do tipo (c), acima exposto.

deveu-se, em grande parte, à ausência de uma semântica bem desenvolvida e capaz de funcionar para as reivindicações modais, com a qual se pudessem analisar as reivindicações essencialistas, de forma rigorosa, e se pudesse expressar claramente a diferença entre afirmações de necessidade *de dicto* e *de re*. Essa situação mudou consideravelmente, graças a Saul Kripke e à sua contribuição revolucionária para o desenvolvimento de uma nova semântica de declarações modais em termos de mundos possíveis (seção 3.4). Como consequência, na década de 1970, houve um *renascimento* de teorias neo-essencialistas (cf. KRIPKE, 1980; PLANTINGA, 1979; FINE, 1994; MAKIE, 2006). Concluiremos o capítulo com uma discussão sobre o modo pelo qual o realismo dos poderes aristotélico oferece modos de compreender a modalidade alternativos ao recurso aos mundos possíveis que, ainda hoje, representa a forma predominante para explicar a modalidade (seção 3.5).

3.2. O essencialismo de Aristóteles

Como já vimos no capítulo 1, é intuitivo distinguir as propriedades que um objeto possui apenas de maneira contingente e aquelas que ele possui por necessidade, tais que o objeto não poderia continuar a existir sem elas. O poodle Fido, por exemplo, continuaria existindo mesmo que deixasse de ser um animal de estimação (não é difícil imaginar que, um dia, ele fuja da casa de seus donos e se torne um cão vadio), mas não poderia perder a propriedade de ser um cão e se tornar uma flor, uma casa, um gato ou qualquer outra coisa, continuando, ao mesmo tempo, a ser o mesmo objeto particular. Quando introduzimos a noção de propriedades essenciais no capítulo 1, o leitor pode ter pensado que são simplesmente propriedades que um objeto deve possuir quando existe. Muitos filósofos contemporâneos pensam em propriedades essenciais dessa maneira (veremos na próxima seção deste capítulo que muito do ceticismo sobre propriedades essenciais é direcionado às propriedades necessárias em geral).

Colocado em termos formais, de acordo com esse essencialismo puramente *modal*:

F é uma propriedade essencial de $x =_{df}$ se x perde F, então x deixa de existir.

Na tradição, entretanto, a essência de uma coisa (ou sua forma essencial) não era pensada como composta de *todas* as propriedades que um objeto deve possuir quando existe, mas apenas por aquelas propriedades que determinam *que tipo de coisa é*, e que fazem do objeto *o que ele é*. Nem todas as propriedades que um objeto existente possui pertencem necessariamente à classe mais restrita de propriedades que determinam *que tipo de coisa é*. Consideremos um objeto particular, A: a propriedade de A de *poder ser um membro de um conjunto formado pelo único membro { A }*, e a propriedade de *ser idêntico ao número 9 ou de não ser idêntico ao número 9* são, ambas, propriedades que A possui necessariamente se A existe. Nenhuma das duas é parte do que caracteriza a natureza de A ou que caracteriza A como tal. Pelo contrário, essas (ou propriedades correspondentes) são propriedades que qualquer objeto possui, *qualquer que* seja sua natureza. Também a existência é, tradicionalmente, considerada uma propriedade das coisas e, se assim for, é uma propriedade que um objeto deve possuir *trivialmente* enquanto existir. No entanto, a existência não é uma propriedade essencial dos objetos (exceto, provavelmente, de Deus).

Também em Aristóteles encontramos uma ideia mais circunscrita de essência, como indicado pelas múltiplas expressões que ele usa para falar de essência. Uma das locuções que Aristóteles cunhou e usa, com frequência, é *to ti ên einai* (ser o que era), que é uma forma abreviada de dizer *ser o que era apesar da mudança*. Como indica essa expressão, para Aristóteles, a essência de uma coisa é o que a torna uma coisa de um determinado tipo, ou tendo uma certa definição. No caso do *homem*, o ser racional é o que faz um homem *homem* e permanecer enquanto tal, apesar das mudanças que possa sofrer em outros aspectos (*Analitici Secondi* 75a42-b2; *Metafísica*

VII, 17, 1041a25-32). Para Aristóteles, a essência possui tanto uma função *exclusiva*, quanto uma função explicativa: ele, primeiramente, levanta a hipótese de que existam algumas características de *F* que todos e apenas os humanos têm em comum e, em segundo lugar, que *F* explique as outras características compartilhadas pelos seres humanos. Consequentemente, para Aristóteles, existe uma classe de propriedades necessárias, mas não essenciais, que as substâncias possuem. Em particular, além de características puramente lógicas, que não são distintivas de nenhum tipo de ser ou substância – e que são, portanto, excluídas de serem propriedades essenciais, sob a consideração de *exclusividade* (como a propriedade de ser idêntico ou não idêntico ao número 9) –, Aristóteles reconhece uma categoria de propriedades que chama de *idia* (cf. *Categorias* 3a21, 4a10; *Tópicos* 102a18-30, 134a5-135b6). Tais propriedades derivam da essência de um tipo e são, portanto, necessárias a esse tipo, mesmo que não sejam essenciais a ele. Por exemplo, se *ser racional* é essencial para os seres humanos, segue-se que qualquer ser humano é, necessariamente, *capaz de usar a linguagem*, inclusive se o ser capaz de usar a linguagem não equivale à propriedade de ser racional (mas, pelo contrário, deriva dela). Esta última propriedade é mais fundamental, no sentido de que o ser racional explica o ser capaz de linguagem, ainda que, necessariamente, uma substância racional (e só ela) seja, também, capaz de falar. O ser racional tem, portanto, maior direito de ser (parte) da essência dos seres humanos do que o ser capaz da linguagem, pois tem prioridade explicativa sobre ela. O critério de prioridade explicativa dá às propriedades essenciais um papel unificador em comparação com as outras propriedades pertencentes ao objeto, uma vez que a mesma idêntica propriedade essencial explicará muitas das diferentes características que o objeto possui, necessariamente ou acidentalmente. Daqui resulta que o essencialismo de Aristóteles é, consideravelmente, mais refinado que o essencialismo puramente modal. De acordo com o essencialismo de Aristóteles, expresso resumidamente:

F é uma propriedade essencial de $x =_{df}$ se *F* é tal que (1) se *x* perde *F*, então *x* deixa de existir; e (2) *F* é uma propriedade fundamental de *x*, do ponto de vista explicativo, ou seja, explica algumas das outras propriedades de *x*, e a essência de *x* não contém outra propriedade que já explique as funções e a posse de *F*.

3.3. Críticas ao essencialismo e à necessidade não lógica

O pressuposto de que algumas propriedades são possuídas por objetos, de maneira essencial, ou mesmo simplesmente necessária, conforme descrito na última seção, fundamenta a distinção tradicional entre a modalidade *de re* e a modalidade *de dicto*. Quando a afirmação *X é necessariamente F* expressa uma necessidade *de re*, isso significa que *X* necessariamente possui *F* (isto é, *X* é necessariamente tal que possui *F*); ao contrário, quando expressa uma necessidade *de dicto*, significa que a afirmação nela incluída, *X é F*, é necessariamente verdadeira. A necessidade *de dicto*, portanto, diz respeito a um enunciado tomado como uma unidade e, quando é assim entendida, a expressão *necessariamente* funciona como o sinal □, que é usado na lógica como um operador modal. Em vez disso, quando a necessidade é entendida *de re*, a expressão *necessariamente* funciona como um advérbio: atribuímos ao objeto não apenas a posse de *F*, mas a posse necessária de *F* (que é outra propriedade que atribuímos) (cf. PLANTINGA, 1999, 141). Não há dúvida de que existam necessidade e possibilidade *de dicto*: pelo menos é amplamente aceito que, quando adicionamos *necessariamente* a uma verdade lógica ou analítica, obtemos uma necessidade *de dicto*. *Necessariamente, se chover, chove*, é verdade porque, *se chove, chove*, é uma verdade lógica; e, *necessariamente, cada coisa é idêntica a si mesma*, é verdade, porque *cada coisa é idêntica a si mesma* é verdade da mesma maneira. E quanto à necessidade e possibilidade *de re*? A hipótese de que existam necessidades *de re* é parte integrante do essencialismo (porque as propriedades essenciais são uma subclasse das propriedades necessárias dos objetos); porém, essa hipótese foi muito criticada na primeira metade do século XX, juntamente com o essencialismo, e reabilitada no debate filosófico apenas nas décadas de 1960 e 1970.

As objeções que foram levantadas contra as modalidades *de re* devem ser tomadas seriamente em consideração, tanto porque nos mostram que admitir modalidades desse tipo, em nosso sistema filosófico, não é coisa pequena, quanto porque nos fazem considerar cuidadosamente se temos uma compreensão suficientemente adequada delas. Uma das objeções levantadas por Quine, por exemplo, decorre do fato de que, se entendermos

(1) X é necessariamente F

no sentido de que (1) atribui a X a posse necessária de F, isso resulta, de acordo com a Lei de Leibniz, que cada vez que substituirmos um termo singular correferencial para X, a afirmação resultante deveria permanecer verdadeira. Porque, lida dessa forma, (1) atribui a x uma propriedade específica (a propriedade de, necessariamente, ter X), e se alguma vez X possuiu essa propriedade, deve tê-la, não importa como a descrevamos. Consideremos agora (cf. QUINE, 1953b, 143):

(2) 9 é necessariamente maior que 7

Se estivermos dispostos a aceitar que é possível atribuir a posse necessária de uma propriedade a um objeto, (2) parece ser uma boa candidata para tal atribuição: 9 não pode ser o número que realmente é, de fato, sem ser maior que 7; se fosse menor que 7, então deveria ser algum outro número, mas não 9. (Podemos *chamar 9* um número menor que 7, porque se quiséssemos, poderíamos mudar nossa terminologia algébrica. Poderíamos, por exemplo, renomear o número 3 como 9. Mas o número que atualmente chamamos 9 não pode ser maior que 7.) No entanto, a seguinte afirmação também é verdadeira

(3) 9 = o número de planetas

Segundo a Lei de Leibniz

(4) Para todo *x*, *y*: *x* = *y* → para todos os *P* (*P x* se e somente se *P y*)

obtemos, portanto

(5) O número de planetas é necessariamente maior que 7

Mas (5) é falsa; é fácil imaginar que o número de planetas possa ser diferente, e poderia até mudar no futuro (por exemplo, se um dos planetas fosse destruído por um meteorito). Uma vez que (3) e (4) são indiscutíveis, parece que podemos evitar o aparentemente inaceitável (5), apenas abandonando (2), ou dando-lhe uma leitura *de dicto*, nomeadamente como

(2*) É necessariamente verdade que 9 é maior que 7

Dar a (2) essa interpretação evitaria o problema, visto que de (2*) *não* se obtém (5), porque em (2*) *necessariamente* introduz um contexto chamado *intensional*. E, o que caracteriza os contextos intensionais é precisamente que a Lei de Leibniz (4) não é aplicável a eles, e a substituição de termos correferenciais *salva veritate* (ou seja, de tal forma que se a afirmação era verdadeira antes da substituição, ela também permanece verdadeira depois) não é possível.

Portanto, não podemos derivar da identidade entre o número 9 e o número dos planetas que resulte também necessariamente verdade que o último número seja maior que 7.

No entanto, quando a objeção à modalidade *de re* é apresentada dessa forma, os defensores dessa modalidade podem responder que foram mal interpretados (para essa resposta, cf. PLANTINGA, 1999, 144 ss.), porque no caso de se aceitar que (5) é claramente falsa, isso se dá porque se lê *de dicto*, entendendo-a como

(5*) É necessariamente verdade que o número de planetas é 7

Mas essa leitura de (5) é incorreta para os defensores das necessidades *de re*. Esses últimos leem (2) como exprimindo uma necessidade *de re* e não uma necessidade *de dicto* – e, da mesma forma, eles também leem (5) como a expressão de uma necessidade *de re*, e não *de dicto*, e a consideram verdadeira apenas quando entendida no primeiro modo[3]. Assim, os defensores de modalidades *de re* aceitam apenas a inferência de (2) para

(5**) O número (atual) de planetas (ou seja, o número que é *atualmente* o número dos planetas) é tal que é necessariamente maior que 7

Admitido que possamos dar um sentido a (5**), não está claro se (5**) é falso. De fato, parece que essa via seja verdadeira, porque a frase *o (atual) número de planetas* se identifica com o número 9 e, se (2) for verdade, então 9 é de fato tal que é *necessariamente* maior que 7. Assim, uma vez que damos à expressão *necessariamente*, em (2) e (5), uma leitura uniforme (ou seja, em termos de necessidade *de re*), parece que se (2) é verdadeiro, então (5) também será verdadeiro. Até aqui, tudo bem para o defensor da modalidade *de re*[4].

Mas, embora esse movimento seja suficiente para evitar o indesejável resultado (5*), ele pressupõe que possamos distinguir entre dois tipos diferentes de propriedades, isto é, entre aquelas propriedades que os objetos possuem essencialmente ou necessariamente, e aquelas que eles possuem apenas de maneira contingente. Só assim poderemos dizer que aquilo que se identifica com a frase *o número de planetas* é o número 9 e, posteriormente, usar as alegadas propriedades necessárias ou essenciais desse número, para explicar a verdade

---

3. Se assumíssemos que elas suportam (5*), atribuir-lhes-íamos uma regra específica sobre a inferência entre modalidade da necessidade *de re* para necessidade *de dicto*. Tais regras não fazem, necessariamente, parte da posição de quem adota a necessidade *de re*, nem são críveis independentemente. As necessidades *de dicto* são tipicamente mais rigorosas do que as *de re*, porque poderia ser verdade que um X possua uma certa propriedade essencialmente, mesmo que nenhum X existisse, e, portanto, a correspondente necessidade *de dicto* não seria verdadeira.
4. Quine (1960, p. 199) admite a possibilidade de tal movimento.

de (5). Se, ao contrário, todas as propriedades de 9 estivessem no mesmo nível (se, em particular, o seu ser o número de planetas era uma propriedade que ele possui, como todas as suas propriedades matemáticas relacionais a outros números), não poderíamos mais explicar por que (5) é verdadeira, enquanto a proposição

(6) 9 é necessariamente tal que é o número de planetas

é falsa. E (6) é certamente falsa, quer seja entendida como *de dicto* ou como *de re*. (Não é necessário que existam 9 planetas, nem o número 9 deixaria de ser o número que é se um dos planetas fosse destruído.) Portanto, a pergunta chave é: podemos traçar essa distinção entre propriedades necessárias e contingentes dos objetos individuais? De acordo com Quine não podemos fazer isso; ou, melhor dizendo, Quine pensa que não podemos fazê-lo sem já pensar o objeto como pertencente a um certo tipo. Para Quine, os objetos podem possuir certas propriedades necessariamente apenas quando são *considerados como (qua) Y*. Por exemplo, *qua* ser humano, possui necessariamente a propriedade de ser racional (assumindo que todos os seres humanos são necessariamente racionais de acordo com a definição de *humano*), mas isso ocorre porque essa propriedade está incluída na definição de ser humano, de modo que o fato de eu possuir essa propriedade deriva do fato de que eu sou um ser humano. Essa derivação é um simples exemplo de implicação lógica: *Eu sou racional* está implícito em *Eu sou um ser humano*, e essa implicação depende meramente do significado das frases usadas. Em vez disso, sem especificar a que determinado tipo de coisa um objeto individual pertence (e com base em qual tipo podemos distinguir entre propriedades que são conceitualmente incluídas na definição desse tipo, e propriedades que não são), a distinção entre propriedades necessárias e contingentes, para Quine, não faz sentido; e, portanto, não pode ser aplicada aos objetos considerados como tais e não *qua* alguma coisa, porque, de outra forma, chegar-se-ia facilmente a atribuições contraditórias de propriedades necessárias. Como Quine escreve em uma famosa passagem:

> É crível dizer que os matemáticos são necessariamente racionais e não necessariamente bípedes; e os ciclistas necessariamente bípedes e não necessariamente racionais. Mas o que dizer de um indivíduo que, entre suas peculiaridades, conta tanto a matemática quanto o ciclismo? Esse indivíduo concreto será necessariamente racional e contingentemente bípede, ou será o contrário verdadeiro? Desde que falemos sobre o objeto referencialmente, e sem qualquer orientação para um grupo de matemáticos em vez de ciclistas, ou vice-versa, não faz sentido julgar alguns dos atributos como necessários e outros como contingentes. Alguns atributos do objeto são considerados importantes, outros, menos; alguns são permanentes, outros, passageiros; mas nenhum é necessário ou contingente (QUINE, 1960, 119, tradução nossa).

Como reconhece Quine, os essencialistas, que aceitam uma distinção entre propriedades essenciais e contingentes de um objeto, rejeitarão o último ponto; mas Quine prossegue dizendo que a distinção que os essencialistas querem traçar "por mais venerável que seja [...] é certamente indefensável" (Ibid., 119-120). A rejeição de Quine da modalidade *de re*, portanto, deriva, em última análise, de sua *rejeição das essências individuais*. Para ele os objetos possuem propriedades, necessariamente apenas *qua* propriedades de tipos específicos, ou *qua* descrições de tipos específicos, e dado que nenhum tipo de objeto ou descrição é privilegiado – no sentido de que especifica o que o objeto *verdadeiramente* é – qualquer descrição verdadeira do objeto, produzirá afirmações sobre as propriedades que o objeto possui necessariamente como membro desse tipo, ou portador desta descrição, mas apenas de maneira contingente, se considerado de outra forma. A *necessidade* em jogo, aqui, é claramente dependente da linguagem e da nossa maneira de descrever as coisas, e é fácil ver como ela é reduzida a um tipo de necessidade *de dicto*.

Mas se este é o desafio de Quine para aqueles que sustentam as necessidades *de re*, os essencialistas podem ser otimistas sobre a possibilidade de superá-la. Afinal, é precisamente a sua tese-chave, que existem essências individuais e que as propriedades que estão incluídas nelas, em relação a esse objeto, são *privilegiadas* em comparação às outras propriedades que o objeto possui apenas contingentemente. Além disso, há também considerações mais gerais, que os proponentes das modalidades *de re* podem apresentar para responder ao desafio de Quine. Uma resposta promissora é baseada nas considerações sobre referência e sobre possibilidade de reidentificação dos objetos, desenvolvidas por Peter Strawson (1959). De acordo com este último, não se pode referir a um objeto sem qualquer descrição, mesmo quando se refere a ele, por exemplo, como *aquele objeto ali*. Por que não? Porque para poder se referir a um objeto, deve-se ser capaz de identificar e distinguir outros objetos. Se com *aquele objeto ali* pretende-se referir-se à escrivaninha e não à cadeira, deve-se ser capaz de distingui-la da cadeira, e deve-se também, em princípio, ser capaz de reidentificar o objeto ao qual se refere (ou seja, ser capaz de determinar se um ato referencial subsequente se refere ao mesmo objeto ou a outro). Os chamados *sortals* nos fornecem esses critérios de reidentificação: ser um cachorro, ser uma cadeira etc. Em outras palavras, quando nos referimos a um objeto, sempre o fazemos por meio de um *sortal*. Essa linha de pensamento pode ser facilmente estendida para apoiar um essencialismo do tipo que já discutimos brevemente no capítulo 1. Consideremos o exemplo do *sortal ser um homem*: esse *sortal* fornece critérios para a reidentificação de um objeto, incluindo o fato de que o objeto em questão é racional; portanto eu, por exemplo, não poderia continuar a existir como ser humano se perdesse minha racionalidade. Em geral, os *sortals* oferecem uma gama de propriedades que um objeto deve possuir, contanto que exista, e que determinam que tipo de ser ele é (WIGGINS, 2001). Além disso, o ser um ser humano não é apenas uma descrição, entre muitas, que deve ser verdadeira para mim enquanto eu existir: é a descrição que fornece os critérios para me identificar como um objeto particular. Os critérios de identificação de um objeto não podem ser fornecidos por mais de um *sortal*, pois eles poderiam entrar em conflito, o que significaria que o objeto não teria nenhum critério de identificação. Essas considerações nos permitem argumentar, contra Quine, que existem propriedades necessárias para um objeto. E note-se que esta resposta a Quine não pressupõe que existam propriedades que um objeto possui, independentemente da sua pertença a um determinado tipo de objeto. Em vez disso, de acordo com a proposta ilustrada, um objeto pode necessariamente pertencer a um tipo específico, e, portanto, necessariamente ter aquelas propriedades que estão incluídas na definição desse tipo.

3.4. O retorno da necessidade *de re* e do essencialismo

O ceticismo sobre a necessidade *de re*, que era muito difundida na geração dos filósofos contemporâneos a Quine, começou a se dispersar nas décadas de 1960 e 1970. Esse *revival* da modalidade *de re* foi, em grande parte, devido a duas contribuições revolucionárias de Saul Kripke: o desenvolvimento da semântica de mundos possíveis para as afirmações modais, e a ideia de que verdades necessárias *a posteriori* sejam possíveis. Apresentaremos essas ideias, uma de cada vez.

3.4.1. Mundos possíveis

A semântica de mundos possíveis de Kripke ofereceu a primeira semântica formal, sólida e fácil de usar, para as afirmações modais; foi, de imediato, amplamente aceita no debate filosófico e logo se tornou a teoria *standard*. O ponto de partida dessa semântica é a seguinte intuição: quando dizemos que um objeto X, que realmente existe, teria podido ser diferente, podemos interpretar essa expressão como o equivalente a dizer que existe uma *possível situação contrafactual* (isto é, não-real), em que X é diferente. Que *meu cachorro Fido poderia ter pelo marrom* (em vez do pelo branco que ele tem), pode ser lido como, *Há uma possível situação em que Fido tem pelo marrom*. Os mundos possíveis podem ser entendidos como agregados de tais situações contrafactuais. Esses mundos têm uma completude tal que, dado um objeto X, existente nesse mundo, e dadas todas as propriedades P nesse mundo, o fato de que X possua P (ou não) é determinado em algum mundo[5]. Nem todos os mundos são, portanto, possíveis. Por exemplo, um mundo no qual Fido é, ao mesmo tempo, completamente branco e não completamente branco não é possível, porque uma situação desse tipo é excluída pela lógica. Se, no entanto, considerarmos apenas os mundos possíveis, Kripke propõe que possamos entender a necessidade e a possibilidade em termos de quantificação desses mundos possíveis. Dizer que *é possível que p* (onde *p* é a afirmação que Fido tem pelo marrom), equivale a dizer, fazendo uso de um quantificador existencial, que existe *pelo menos um mundo possível* no qual *p* é verdade (quer dizer, um mundo no qual Fido tem pelo marrom). Formalmente: ◊ *p*, se existe um mundo possível *x*, tal que *x* || *p*. Dizer que *é necessário que p*, equivale a fazer a afirmação, universalmente quantificada, que em todos os mundos possíveis *p* é verdade[6]. Formalmente: □ *p*, se para todos os mundos possíveis *x*, *x* || *p*[7]. Este movimento para

---

5. Muitas vezes, os mundos possíveis são entendidos como ainda mais inclusivos do que isso, e muitos teóricos argumentam que devam ser de *máxima especificidade*. Lowe (2002, 82), por exemplo, explica da seguinte forma a ideia de *máxima especificidade* para situações possíveis: "No caso em que satisfaz a seguinte condição: para cada proposição *p*, tem-se o caso em que *p* é verdadeiro na situação em questão, ou o caso em que *p* não é verdadeiro (e, portanto, que não-*p* é verdadeiro) na situação em questão". Cf. MENZEL, 2016: são "situações individuais, extremamente inclusivas, abrangentes".

6. Às vezes, essa análise é ampliada ainda mais, acrescentando que apenas mundos possíveis devem ser considerados *acessíveis* pelo mundo em que a declaração modal é julgada como verdadeira ou falsa. Ou seja, *Fido, necessariamente, tem pelo marrom* contaria como verdade no mundo real, mesmo se houvesse um mundo possível onde Fido não tivesse pelo marrom, contanto que esse mundo não fosse acessível ao mundo real. Mas, por agora, deixaremos de lado essa restrição adicional.

7. Note-se que, neste ponto, ainda não estamos falando sobre necessidade *de re*! As afirmações de necessidade que estamos considerando são afirmações em que a necessidade se aplica à sub-proposição *p*, e o mesmo se aplica às afirmações de possibilidade.

explicar as condições de verdade das afirmações modais, em termos de quantificação sobre mundos possíveis, tem uma grande vantagem: permite-nos introduzir a *lógica não-modal* dos quantificadores em nossa análise das afirmações modais. Segundo a análise que acabamos de apresentar, a forma lógica da afirmação *É possível que Fido tenha pelo marrom*, é exatamente a mesma da afirmação *Há um cachorro que tem quatro patas*. (O quantificado pode ser coisas muito diferentes – tão diferentes quanto possíveis mundos e cachorros – e o que eles são não faz diferença para a forma lógica da afirmação.) Podemos, então, usar o aparato formal da lógica não-modal para avaliar a veracidade das afirmações modais e a validade dos argumentos em que essas afirmações aparecem como premissas e conclusões. E essa é, inegavelmente, uma grande conquista (cf. Lowe, 2002, 121, para material adicional sobre este ponto).

A teoria dos mundos possíveis foi adotada com entusiasmo por muitos filósofos, e, além disso, é usada para oferecer uma semântica dos contrafactuais. Os condicionais contrafactuais têm a forma *se p fosse verdade, também q seria verdade* (são chamados de contrafactuais porque o antecedente do condicional descreve um estado ou evento não-atual). Como argumentou David Lewis, tal semântica pode ser introduzida uma vez que tenha sido adquirida a noção de *similaridade comparativa geral de mundos possíveis*. A intuição subjacente a essa ideia é bastante simples: tome um condicional contrafactual como *Se tivesse chovido esta manhã, à tarde a estrada estaria molhada*. Quando esta afirmação é verdadeira? Uma vez que o condicional é do tipo contrafactual, suas condições de verdade não podem ser as mesmas que no caso das chamadas *condicionais materiais*. As *condicionais materiais* têm a forma *se p é verdadeiro, q é verdadeiro*, e são falsas somente se a proposição antecedente (*p*) é verdadeira enquanto a proposição consequente (*q*) é falsa[8]. Um condicional material resulta, assim,

---

8. A verdade do condicional material é, portanto, uma simples função da verdade (ou falsidade) do antecedente e do consequente. Não importa o conteúdo material

automaticamente verdadeira se a proposição antecedente for falsa. No entanto, para um *condicional contrafactual*, as coisas devem ser diferentes, porque, caso contrário, todas as condicionais desse tipo seriam verdadeiras. E, obviamente, existem falsas condicionais do gênero, por exemplo: *Se tivesse chovido hoje, a estrada estaria seca logo depois*, é falso na maioria das circunstâncias. Então, quando um condicional contrafactual é verdadeiro?

Para responder a essa pergunta devemos nos referir, segundo Lewis, a situações não-reais, em que o antecedente do condicional é verdadeiro (ou seja, em que hoje choveu), e ver se, nessas situações, o consequente do condicional é verdadeiro ou não. Não estamos nos referindo a todas as situações possíveis em que o antecedente do condicional é verdadeiro; se o fizéssemos, falharíamos em determinar um valor de verdade único para nosso contrafactual, já que em algumas dessas situações o consequente seria verdadeiro e, em outras, falso. Por exemplo, se imaginarmos as situações não-reais em que choveu esta manhã, em algumas delas a estrada fica molhada à tarde, em outras não (porque a estrada estava coberta com lonas, antes da chuva). Consideremos, portanto, apenas uma parte das situações nas quais o antecedente do condicional é verdadeiro – isto é, aquelas mais semelhantes ou mais *próximas* do curso real dos eventos. Ou seja, desviemo-nos o mínimo possível da realidade e tenhamos fixos o máximo possível de fatos atuais. Desse modo, idealmente, ao avaliar nosso condicional *Se tivesse chovido esta manhã, à tarde a estrada estaria molhada*, referimo-nos a situações que são *precisamente o que aconteceu na realidade*, exceto pela chuva e suas consequências. Consideremos, então, o que acontece em uma situação como essa e, se a

---

dos dois ou que haja uma conexão, *de fato*, entre eles: mesmo o condicional *Se Oxford está localizada na França, a Terra gira em torno da lua*, onde não há nenhuma relação material entre o antecedente e o consequente, é, no entanto, verdadeiro, porque o antecedente é falso. Por outro lado, para os condicionais contrafactuais, é necessária uma relação *de fato*.

consequência é verdadeira aqui, então o contrafactual é verdadeiro em sua totalidade; caso contrário, é falso (Lewis, 1973).

Lewis apresenta essa ideia de *menor distância possível da realidade* em termos de noções de similaridade (ou proximidade) entre mundos possíveis. Ele sustenta que mundos diferentes mais ou menos se assemelham em relação a fatos e leis particulares da natureza. Com base nesses dois aspectos (fatos e leis), podemos criar uma ordem de similaridade, graças à qual podemos avaliar se os mundos A e B, por exemplo, são mais semelhantes, em geral, do que os mundos A e C. Tendo introduzido essa noção de proximidade (ou similaridade) ou proximidade entre mundos possíveis, Lewis pode tornar mais precisa a noção de *menor distância da realidade*, como segue: é A $\Box\to$ C o contrafactual *se A tivesse acontecido, então, também B teria acontecido*. Chamamos um mundo em que A acontece, um *mundo-A*, e igualmente para C, um *mundo-C*. Assim, obtemos as seguintes condições de verdade para o contrafactual:

> A $\Box\to$ C é verdade se:
> 1. não há mundos-A possíveis (ou seja, é impossível que A); ou
> 2. algum mundo-A que é, também, um mundo-C, é mais próximo do mundo real (realidade) do que qualquer outro mundo-A que não é, também, um mundo-C[9].

(1) é uma situação em que o contrafactual é *trivialmente* verdadeiro; e

(2) expressa, mais precisamente, a ideia de que "um contrafactual é verdadeiro se a divergência da realidade atual, necessária para tornar verdadeiros tanto o antecedente quanto o consequente, é menor que a divergência necessária para tornar verdadeiro o antecedente, sem o consequente" (cf. Menzel, 2014).

---

9. Essa formulação pode parecer um pouco complicada demais: por que não nos referimos, de fato, apenas ao mundo possível mais próximo, no qual o antecedente é verdade? Porque só poderíamos fazê-lo se houvesse apenas um mundo possível desse tipo mais próximo, e Lewis não quer assumir que exista apenas um desses mundos.

Concluímos, por enquanto, esta breve incursão na semântica dos contrafactuais. (Retornaremos a essa análise no capítulo 4, ao discutir a análise de Lewis das afirmações causais.) O que nos interessa no momento é o fato de que tal sistema de mundos possíveis tem se mostrado muito útil quando utilizado como modelo formal. Isso não significa que esse modelo esteja isento de problemas, nem que a semântica nele baseada se adapte perfeitamente com nossas intuições sobre afirmações modais. Esses problemas dizem respeito, em parte, a questões bastante específicas. Por exemplo: faz sentido pensar em mundos possíveis que sejam completos, no modo descrito acima? Ou: como podemos determinar se o objeto de que falamos em um mundo pode ser o mesmo objeto de que falamos em outro mundo? Por exemplo, nosso Fido, que é branco no mundo real, é a mesma entidade do poodle que é marrom em outro mundo possível? Ou o Fido do outro mundo é, simplesmente, uma contraparte do Fido real? Esse problema é chamado de *problema de identidade entre os mundos*. Também há dúvidas mais profundas sobre os elementos fundamentais do modelo. Em particular: o que devemos pensar dos mundos possíveis nos quais se baseia a semântica das afirmações modais? Devemos considerá-los como entidades reais? Se assim for, seriam apenas (e seriam constituídos apenas de) entidades abstratas ou mesmo entidades concretas? Ou a conversa sobre mundos possíveis é apenas um expediente formal útil, ou uma maneira de falar *como se*, que não nos compromete a acreditar que tais coisas realmente existam (ao contrário do que supõem os realistas modais, como Lewis; cf. Lewis, 1986a)?

Apesar da popularidade do realismo modal entre os metafísicos seguidores de Lewis, este modo de conceber os mundos possíveis encontra problemas consideráveis. Por exemplo, Kripke criticou essa abordagem porque toma "a metáfora dos mundos possíveis muito a sério [...]. É como se um mundo possível fosse um país estrangeiro ou um planeta distante lá fora" (Kripke, 1995, 78, tradução nossa). O princípio da parcimônia ontológica torna preferível pensar que a conversa de mundos possíveis é apenas um expediente formal útil ou uma conversa *como se*, que não traz consigo compromissos ontológicos, e que podemos usar mesmo que não acreditemos que existam realmente mundos ou coisas que não existem atualmente.

Além disso, deve-se notar que, mesmo em um nível puramente semântico, não se deve esperar que a semântica das afirmações modais, baseadas em mundos possíveis, consiga explicar todas as nossas intuições sobre tais afirmações. Essa semântica nos permite fazer certas distinções que seriam difíceis (se não impossíveis) de fazer em uma linguagem não formal, mas, ao mesmo tempo, impede-nos de fazer outras distinções que já não podem ser traçadas com ela. Contanto que consideremos o sistema dos mundos possíveis, como uma ferramenta útil, tudo isso é aceitável, porque nenhuma ferramenta é perfeita. Contudo, se assumirmos que esse sistema introduza uma ontologia de mundos possíveis que existam realmente, e que pretendemos descrever com nossa linguagem modal cotidiana, isso é problemático; essas dificuldades são mais uma razão contra a adoção do realismo modal.

Dado este breve relato da semântica dos mundos possíveis para as afirmações modais, poder-se-ia perguntar: tudo isso pode nos ajudar com relação às modalidades *de re*? É verdade que a semântica kripkeana aqui descrita é uma semântica para afirmações modais em que *necessariamente* e *possivelmente* são tomadas como operadores antepostos à frase inteira. E como vimos acima, no que diz respeito à modalidade *de re*, não se pode entender o *necessariamente* dessa maneira Mas, no entanto, uma vez introduzido o sistema dos mundos possíveis, podemos refinar e tornar formalmente mais rigorosa a noção da modalidade *de re*, mostrando que esta noção é claramente distinta da modalidade *de dicto*. Como exemplo, consideremos a afirmação:

(7) Aristóteles é necessariamente humano

Devemos lê-la como uma afirmação sobre a necessidade *de re*. Quais serão as condições de verdade para (7), na semântica dos mundos possíveis? *Não* serão:

(8) Para todos os mundos possíveis x, $x \parallel$ Aristóteles é humano

(8) seria a análise de (7) apenas se (7) fosse entendido como uma afirmação de necessidade *de dicto* (porque se p é uma verdade que é necessária *de dicto*, p é verdadeiro em todos os mundos possíveis). Por outro lado, (7) será analisado como

(9) Para todos os mundos possíveis x (se Aristóteles existe em x, $x \parallel$ Aristóteles é humano)

(9) dá a ideia de que *ser humano* é uma propriedade necessária de Aristóteles (de acordo com a leitura *de re* de (7)), de modo que ele não poderia existir se não tivesse essa propriedade. Ao mesmo tempo, a análise torna evidente que (7) é uma afirmação significativamente diferente daquela segundo a qual Aristóteles existe necessariamente e possui essa propriedade. Portanto, o modelo dos mundos possíveis nos oferece como uma vantagem adicional também uma semântica formalmente mais rigorosa para as afirmações de modalidade *de re*. E, no entanto, esse é apenas o começo; juntamente com outra noção fundamental de Kripke, o modelo faz também algo mais. Para saber o quê, devemos estudar a teoria de Kripke sobre verdades necessárias *a posteriori*.

3.4.2. Necessidade *a posteriori*

No debate moderno sobre verdades necessárias, duas distinções têm desempenhado um papel fundamental: a distinção entre *necessário* e *contingente*, e aquela entre *a priori* e *a posteriori*. A distinção entre *a priori* e *a posteriori*, notoriamente introduzida por Kant na *Crítica da razão pura*, é de natureza epistemológica, e diz respeito à dependência de um certo tipo de cognição da experiência perceptiva. O conhecimento *a priori* não depende de – e não deriva de – nenhuma experiência específica ou *input* sensorial; enquanto aquela *a posteriori*, depende e dessa deriva[10]. Assim, para citar um caso paradigmático de conhecimento *a priori*, o conhecimento da verdade matemática de que 2 + 2 = 4, pelo menos se obtido com uma ordinária derivação matemática[11], não se baseia em, nem requer, um *input* empírico ou qualquer experiência específica. (Não se pode e não se poderia, por uma questão de princípio, adquirir esse conhecimento através de um processo de indução, por exemplo, colocando pares de objetos juntos, onde a adição de dois pares lhe dê, regularmente, um grupo de quatro objetos.) Ao contrário, o conhecimento do fato de que chove, como um exemplo paradigmático de conhecimento *a posteriori*, só pode ser adquirido olhando pela janela, ou de outras formas que exijam experiência. Não se poderia derivar este fato de considerações puramente lógicas ou matemáticas. Esses dois casos já sugerem que a distinção entre *a priori* e *a posteriori* por um lado, e entre necessário e contingente por outro, estão correlacionadas entre si, porque o conhecimento da verdade matemática de que 2 + 2 = 4, que é *a priori*, é também conhecimento de uma verdade necessária, enquanto o conhecimento *a posteriori* do fato de que chove, é o conhecimento de um fato contingente. Para expressar essa correlação entre as duas distinções, podemos dizer que, para cada verdade necessária, será ao menos possível

---

10. Talvez todos nós precisemos de *alguma* experiência ou *input* sensorial para ter um conhecimento ou cognição; sem tal experiência, nossas faculdades cognitivas poderiam permanecer, por assim dizer, inativas. (Como acredita o próprio Kant, cf. *Crítica da razão pura*, B.1.) Mas, pelo menos um conhecimento *a priori* não requer, de nossa parte, qualquer experiência com um conteúdo específico que esteja em relação ao que temos conhecimento *a priori*, enquanto esse é o caso do conhecimento *a posteriori*.

11. Esta qualificação é importante porque *pode*-se até adquirir conhecimento de verdades matemáticas, de uma forma essencialmente baseada na experiência. Em vez de fazermos nós mesmos as derivações matemáticas, podemos, por exemplo, aprender essa verdade com alguém que consideramos uma autoridade totalmente confiável em tais assuntos. Como essa última forma de adquirir conhecimento seria baseada na experiência – referindo-se à confiabilidade do outro – o conhecimento que assim se obtém seria um conhecimento *a posteriori* (cf. PLANTINGA, 1999, 138).

ter um conhecimento *a priori*, enquanto isso não será possível para uma verdade contingente.

No entanto, como destacou Kripke, não podemos esperar que haja uma correlação perfeita: a distinção necessário/contingente é uma distinção metafísica, enquanto a distinção *a priori/a posteriori* é de natureza epistemológica; e não podemos supor que essas duas distinções, de natureza tão diferente, coincidam. Além disso, se o essencialismo é verdadeiro, haverá verdades necessárias que só podem ser conhecidas *a posteriori*. Suponhamos, por exemplo, que entre as propriedades essenciais da escrivaninha de Kripke esteja aquela de ser feita de um determinado material, e também suponhamos que, *de fato*, esse material seja madeira (cf. KRIPKE, 1995, 81). Então, em todos os mundos onde essa escrivaninha existir, ela será feita de madeira e a afirmação

(10) Se a escrivaninha de Kripke existir ela será de madeira

será, necessariamente, verdadeira (pressupondo a semântica de Kripke para as afirmações modais). No entanto, não sabemos e não poderíamos saber, *a priori*, de qual material a escrivaninha foi feita. Tivemos que olhar e ver qual era o material. O que sabíamos, *a priori*, era que se a escrivaninha era feita de um material M, então, necessariamente, feita do material M. Porém, para derivar a consequência de que a escrivaninha era necessariamente feita de madeira, o *input* empírico era indispensável.

Há uma outra ferramenta introduzida por Kripke, que se mostrou importantíssima para muitos filósofos que queriam mostrar a possibilidade de verdades necessárias *a posteriori*, e a diferença entre necessidade/contingência e *a priori/a posteriori*: isto é, a noção de designadores rígidos. Um designador rígido é "um termo que designa o mesmo objeto em todos os mundos possíveis" em que esse objeto existe (Ibid., 77). Muitos designadores que usamos na fala comum são não-rígidos, e podem designar objetos diferentes em circunstâncias diferentes. Em particular, são designadores não-rígidos todas as descrições definidas (*definite descriptions*) que designam um objeto individual porque ele atende à descrição. Consideremos a descrição definida *o primeiro europeu a navegar além do Cabo da Boa Esperança*. Baseado em como as coisas se tornaram no presente, o primeiro europeu a navegar além do Cabo da Boa Esperança foi Bartolomeu Dias. Existem muitas situações contrafactuais em que o primeiro europeu a completar essa façanha foi outra pessoa, por exemplo Cristóvão Colombo. Enquanto no mundo real a expressão *o primeiro europeu a navegar para além do Cabo da Boa Esperança* designa Vasco da Gama, nesses outros mundos a expressão designaria alguma outra pessoa, como, por exemplo, Colombo. Porque essa expressão designa objetos diferentes em diferentes mundos possíveis, não é um designador rígido. Em contraste, como Kripke argumenta, algumas classes de designadores funcionam como designadores rígidos. Os substantivos próprios, por exemplo, funcionam dessa forma, mas também, como afirmaram Kripke e Hilary Putnam, os termos que se referem a *gêneros naturais*. Esta afirmação pode nos surpreender à primeira vista: quando tomamos um elemento natural como a água, parece óbvio assumir que a identificamos através das propriedades sensíveis que normalmente associamos a ela, como ser um líquido claro, saciar a sede ou dissolver o sal etc. Não seria possível que essas propriedades – que em nosso mundo real são possuídas por (agregados suficientemente abundantes de moléculas de) H_2O – são possuídas por outras coisas (por exemplo, aglomerados suficientemente abundantes de moléculas de XYZ) em algum outro mundo possível? Não é algo que podemos facilmente imaginar? E a água não seria, nesse mundo, XYZ (ao invés de H_2O)?

Tanto Kripke quanto Putnam respondem: *Não*. Segundo eles, neste outro mundo possível, XYZ ainda poderia ser chamada *água*. A palavra *água*, como *nós* a usamos, não se referiria a XYZ, mesmo neste outro mundo. Por quê? Porque não usamos *água* como uma abreviação para uma descrição precisa ou um grupo de tais descrições. Ou seja, *água* não significa *o que é líquido, transparente, que mata a sede etc.* Usamos essa descrição e essas propriedades da água apenas para identificar a água no mundo atual, mas essas propriedades não determinam *o que é a água*. A água é o que no mundo real possui essas propriedades, e usamos a palavra água para nos referir a *essa* coisa, seja ela qual for. O que desempenha essas funções no mundo real é o H_2O, e é a isso que nos referimos quando usamos o termo *água*, mesmo em situações em que aquilo a que nos referimos já não possui as propriedades que originalmente usamos para identificá-la. Usamos, portanto, o designador *água* de forma rígida, conforme a terminologia de Kripke. Assim, mesmo em um mundo possível, onde XYZ se apropriou de todas as propriedades e papéis funcionais de H_2O, esse último permanece água, e não XYZ.

A teoria dos designadores rígidos de Kripke e a sua aplicação específica aos casos de nomes próprios e gêneros naturais tem sido fortemente contestada. No entanto, é certamente verdade que essas noções desempenharam um papel importante em trazer as necessidades *de re* de volta ao discurso filosófico, e em fazer com que muitos tivessem aceitado a noção de essência (ou, pelo menos, a ideia de que existem propriedades que os objetos necessariamente possuem).

3.5. Modalidade e poderes

No capítulo 2 nos concentramos no recente ressurgimento do interesse em poderes e disposições como propriedades genuínas em seu próprio direito. Portanto, é natural perguntar-se, neste ponto, se o reaparecimento dos poderes na cena metafísica deva influenciar nossa maneira de pensar sobre modalidade. É verdade que os poderes nos oferecem uma forma alternativa de pensar sobre modalidade, alternativa, por exemplo, ao sistema de mundos possíveis? Dado que ter um poder significa que o objeto pode fazer ou suportar algo, é provável que haja uma *conexão* entre poderes e possibilidades. Qual conexão, precisamente? Trataremos disso na parte final do capítulo.

Para começar, é útil perguntar-se por que, para um número crescente de filósofos, explicar modalidades com poderes parece uma opção promissora. A principal razão é que, fazendo assim, poderíamos *ancorar* as modalidades no mundo atual e no modo de ser dos objetos reais ordinários, enquanto em uma teoria como a de Lewis, que aceita o realismo modal, parece sentir falta de tal *âncora* no mundo de hoje (cf. VETTER, 2015, 11). Para explicar melhor esse motivo, consideremos a possibilidade metafísica. Consideremos uma afirmação como *É (metafisicamente) possível para uma nave espacial viajar mais rápido que a luz.* (É incompatível com as leis de nossa própria natureza que uma nave espacial faça isso, mas, presumivelmente, nada na natureza de viajar pelo espaço impede que se alcance uma velocidade maior que a velocidade da luz.) De acordo com a teoria de Lewis, essa afirmação é verdadeira porque existe algum mundo possível no qual as naves espaciais atingem uma velocidade maior que a da luz. Assim, nessa teoria, a possibilidade metafísica está ancorada nas propriedades de *algum* objeto. Esses objetos não são objetos reais, mas sim, objetos de um *outro mundo*, que existem apenas em mundos não-reais, porque são as naves espaciais nesses outros mundos possíveis que tornam verdadeira a afirmação *É (metafisicamente) possível que uma nave espacial viaje mais rápido que a luz,* e *não* (!) as naves espaciais do nosso mundo. No entanto, isso parece problemático. Não apenas permanece discutível por que devemos supor que existam tais naves de um *outro mundo*, mas também está longe de ser óbvio que sua suposta existência e suas propriedades deveriam nos dizer algo sobre o que é verdade em nosso mundo[12]. Fizemos uma afirmação sobre o nosso mundo (real) quando dissemos que era (metafisicamente) possível que uma nave espacial viajasse mais rápido do que a luz: que

---

12. A questão aqui é diferente de se devemos pensar em objetos individuais como existindo *em paralelo* em muitos mundos possíveis diferentes, ou apenas como tendo contrapartes em outros mundos possíveis, porque nossa afirmação não diz respeito a nenhuma nave espacial em particular.

relevância possuem os objetos de outro mundo e o que eles podem nos dizer sobre esse ponto?

Se houvesse, ao contrário, uma forma de explicar o que é possível, a partir dos poderes que as coisas têm, teríamos uma forma de *ancorar* a possibilidade em *como as coisas reais são* – e não haveria mais o problema de entender como as afirmações sobre *o que é possível* se relacionam com nosso mundo (real). Assim, a tentativa de explicar a possibilidade (metafísica) em termos de poderes é, certamente, um projeto atraente para aqueles que já acreditam nos poderes. Como isso pode ser feito? Uma proposta que foi recentemente desenvolvida por Barbara Vetter consiste em explicar a possibilidade *que é o caso que p* simplesmente em termos de algo que tem um poder (ou como diria Vetter: um potencial) tal *que é o caso de p*. Uma vez explicada dessa forma a possibilidade, pode-se facilmente explicar também a necessidade, usando a interdefinibilidade dessas duas noções: *p* é possível se não é necessário que não-*p*. Em termos mais formais, a proposta é que

> POSSIBILIDADE. É possível que $p =_{def}$ alguma coisa, tenha o potencial reiterado *que é o caso que p* (Ibid., 18, tradução nossa)

Por que falamos aqui de um potencial *reiterado*? Provavelmente, nem tudo o que é possível o é à causa de como coisas reais (já) são; às vezes só é possível porque as coisas poderiam se desenvolver de uma certa maneira, ou porque coisas novas poderiam surgir. Por exemplo, é possível que uma futura geração de seres humanos seja completamente altruísta. Isso parece possível apenas em virtude dos poderes e do potencial que as gerações futuras terão. Imaginemos que o futuro altruísmo seja possível porque cada geração pode ensinar a próxima a ser mais altruísta do que ela mesma fora. Então, a possibilidade de uma futura geração completamente altruísta reside no poder da precedente geração de oferecer tal ensinamento de altruísmo. A geração presente não possui, portanto, o poder de desenvolver diretamente uma geração completamente altruísta. O poder que tem é o de criar uma próxima geração que, por sua vez, tem o poder de criar uma próxima geração (etc.) que seja completamente altruísta. A possibilidade de uma geração completamente altruísta (e muitas outras possibilidades) requerem uma série de poderes *aninhados* uns nos outros; isso é o que Vetter quer dizer com a noção de potencial reiterado.

Pode-se, no entanto, perguntar se esta proposta funciona. A princípio, pode-se duvidar se as "potencialidades, *que é o caso que p*", que Vetter utiliza em seu modelo, possam ser entendidas como genuínas e reais propriedades dos objetos. São, sem dúvida, muito diferentes dos poderes ordinários, particularmente quando o *p* relevante diz respeito a um fato que nada tem a ver com o próprio objeto. Embora os poderes e disposições ordinários sejam tais que suas manifestações são uma mudança no próprio objeto ou em seu ambiente imediato, não há restrição semelhante ao potencial de Vetter. (Por exemplo, de acordo com a concepção de potencial de Vetter, eu poderia ter o potencial *para um vulcão entrar em erupção na Austrália*.) Além disso, é questionável se todas as possibilidades estão ancoradas, desse modo, nas potencialidades de objetos particulares. E quanto à afirmação *as leis da natureza poderiam ter sido diferentes*? Se estivermos interessados na possibilidade metafísica em vez da física, essa afirmação parecerá verdadeira para nós; no entanto, não parece ser uma afirmação que diga respeito apenas às potencialidades, mesmo as reiteradas, de objetos particulares. Poderíamos postular algo como *o mundo físico* enquanto objeto que possui a potencialidade de *ser diferente* de suas leis naturais para resolver esse problema? Poderíamos fazer isso, mas surgiria a desvantagem de enfraquecer, parcialmente, a motivação original que tornou atraente a explicação da possibilidade em termos de poderes e potenciais, ou seja, o desejo de entender a possibilidade em termos de como são os objetos reais ordinários; o mundo considerado como um todo físico não é um objeto comum desse tipo.

Isso sugere que poderes ou potenciais só podem ser usados para explicar uma gama mais limitada de possibilidades: por exemplo, o que é possível fazer para um objeto dado e existente (e isso já seria um avanço importante). Ainda não é óbvio como essa explicação poderia funcionar exatamente, uma vez que, mesmo que algo tenha o poder de fazer x, esse poder ainda pode ser mascarado (ver capítulo 2). Então, que para um objeto A seja possível fazer x, parece que não pode simplesmente ser equivalente ao seu ter o poder de fazer x. No entanto, isso não exclui que, pelo menos para o restrito grupo de modalidade, mencionado anteriormente, podemos encontrar outra análise desse tipo, com algum condicional adicional. Talvez tenhamos que continuar à procura dela!

3.6. Conclusões

Neste capítulo, examinamos várias formas de necessidade e de possibilidade. Em particular, nos interessamos pela necessidade *de re*, isto é, a necessidade que deriva das propriedades essenciais dos objetos. Nesse contexto, examinamos o essencialismo de Aristóteles, a relação entre propriedades essenciais e necessárias, a crítica de Quine ao essencialismo e o *revival* dessa teoria que ocorreu na década de 1970. Na parte final do capítulo, apresentamos uma alternativa ao modelo dos mundos possíveis, que é o predominantemente utilizado na semântica das afirmações modais; perguntamo-nos se é possível substituí-lo por uma análise baseada nos poderes dos objetos.

4
A causalidade

4.1. Introdução

As coisas no mundo mudam continuamente; essas mudanças não acontecem por si mesmas ou por acaso, mas porque são *causadas*. Desde o início do pensamento racional, cientistas e filósofos têm como um dos seus principais objetivos descobrir e compreender as causas das mudanças na natureza. A causalidade desempenha um papel crucial em quase todas as tentativas de dar sentido à estrutura do mundo. Immanuel Kant, por exemplo, acreditava que a causalidade fosse uma das categorias necessárias do pensamento, por meio das quais organizamos nossas diferentes impressões sensoriais em uma única experiência do mundo externo. John Mackie, por outro lado, cunhou o slogan "o cimento do universo" (MACKIE, 1974) para expressar a importância central desse conceito: a causalidade é o que, de alguma forma, mantém unidos os eventos da história do universo, que de outra forma aconteceriam um após o outro sem qualquer conexão entre eles. No entanto, embora a maioria dos filósofos concorde sobre a importância crucial da causalidade, não há acordo sobre como a própria causalidade deve ser entendida e sobre questões como as seguintes: o que é, para uma coisa, ser causada por outra? A causalidade deve ser considerada uma conexão irredutível ou redutível a outra coisa? Que tipos de entidades estão envolvidas em relações causais? Apenas eventos ou também substâncias? Ou fatos, em vez de eventos? Apenas entidades concretas ou também abstratas? Qual é a relação entre causalidade e explicação? A causalidade é uma relação extencional, que existe entre duas entidades, independentemente de como são descritas? Ou uma relação intencional, isto é, que se estabelece entre duas entidades apenas se forem descritas de uma forma específica?

O debate moderno sobre causalidade desenvolveu-se, amplamente, no âmbito da tradição empirista de David Hume, que procurou reduzir a causalidade às sucessões temporais e (alguns tipos de) regularidade. Como vimos (ver seção 2.3), Hume criticava o conceito de poder porque, em sua opinião, não pode atender ao critério empirista de que os conceitos só têm significado se puderem ser rastreados até as impressões originais (cf. HUME, 1978, 4; 1974, 18-19). Intimamente relacionada a essa crítica do conceito de poder está a crítica de Hume ao conceito tradicional de causalidade. Isso não deveria nos surpreender, porque Hume considerava a noção de *conexão necessária* (que, de acordo com uma maneira tradicional de pensar, era parte integrante da noção de causa), como mais ou menos sinônimo da noção de *poder* (Id., 1978, 156-157). A ideia de que uma causa está, de alguma forma, necessariamente conectada ao seu efeito – a causa faz seu efeito acontecer e o efeito só pode se manifestar uma vez que a causa esteja ativa – é intuitivamente atraente, e desfruta de grande popularidade na história do pensamento ocidental. As causas causam os efeitos, e é isso que nos permite explicar esses efeitos em referência às suas causas. Hume, no entanto, argumentou que não temos uma percepção direta da necessidade, nem uma experiência de outro tipo que possa fornecer-nos a *experiência original* a partir da qual nosso conceito de causalidade pode ter se desenvolvido. Como escreve Hume: "em nenhuma instância única e particular de causa e efeito, existe algo que possa sugerir a ideia de poder ou de conexão necessária" (Id., 1974, 63, tradução nossa). De acordo com Hume, quando consideramos os eventos ou os objetos e as instâncias particulares de causalidade, nunca encontramos nenhum elemento real que corresponda à ideia de um elo causal ou uma conexão necessária. Segundo Hume, a origem da nossa ideia de causalidade é, ao contrário, uma mera impressão de costume: o que observamos é que determinados tipos de eventos são geralmente unidos entre si, de modo que eventos de um tipo geralmente seguem eventos de outro tipo. Isso é tudo o que podemos observar: "Todos os eventos parecem estar inteiramente desvinculados e separados [...] um evento segue o outro; mas nenhuma ligação entre eles pode ser observada. Eles parecem combinados, mas nunca conectados" (Ibid., tradução nossa).

No entanto, tendo observado esta conjunção geral, quando se observa um evento do primeiro tipo espera-se que seja seguido por um evento do segundo tipo. A conexão que fazemos na nossa mente entre um evento e o outro – devido exclusivamente à transição mental que habitualmente fazemos, do primeiro evento para o segundo – é (erroneamente) entendida como se refletisse algo que *realmente existe* na própria sucessão dos eventos. Somos nós que projetamos no mundo, como se existisse entre os acontecimentos, essa conexão que nos dá a impressão de que um acontecimento precise do outro. O elemento antirrealista ou projetista da teoria de Hume – pelo qual a causalidade não é algo real no mundo, mas apenas uma projeção de nossas mentes – não foi, entretanto, tão influente quanto a tese positiva sobre a causalidade, desenvolvida a partir dos argumentos de Hume; segundo essa tese, a causalidade pode ser analisada em termos de duas outras ideias: 1. sucessão temporal; 2. conjunção constante. Essa tese positiva é sugerida pelo próprio Hume. Tomemos a seguinte definição de ação proposta em *Enquiry*: "Uma causa é um objeto, seguido por outro, no qual todos os objetos semelhantes ao primeiro são seguidos por objetos semelhantes ao segundo (Ibid., 76, tradução nossa).

Mais precisamente: porque x é a causa de y, y deve seguir x, e deve haver um padrão de eventos, constantes e regulares, em que eventos como y seguem eventos como x. Três consequências diretas dessa teoria sobre a natureza da causalidade, embora questionáveis, tornaram-se pontos-chave da *ortodoxia* humiana sobre causalidade:

1. Em primeiro lugar, causa e efeito devem ser entidades capazes de *seguir uma à outra* e, embora Hume fale de objetos, nesse caso, seria mais apropriado falar de eventos, porque os eventos têm uma precisa datação no tempo, o que permite que um siga o outro. Ao contrário, no caso das substâncias, consideradas por grande parte da tradição filosófica precedente a Hume, como causas paradigmáticas, raramente se pode dizer que uma segue a outra (exceto que no sentido particular de que os descendentes *seguem* seus ancestrais), e certamente, não se pode encontrar uma sucessão do gênero em todos os casos de causalidade. (Nem mesmo em todos esses casos pode-se encontrar um evento que segue temporalmente uma substância, porque, em muitos casos de causalidade, nenhuma substância deixa de existir.) Consequentemente, os seguidores de Hume geralmente assumem que as relações causais são entre eventos e não entre substâncias.

2. Em segundo lugar, de acordo com Hume, instâncias particulares de causalidade pressupõem necessariamente as relações gerais. Assim, por exemplo, pressionar o interruptor pode fazer com que a luz se acenda somente se houver alguma regularidade geral que forme a base desse particular caso de causalidade. Tal regularidade poderia conectar eventos como a pressão aplicada ao interruptor e o acender-se da luz, mas também eventos mais ocultos em relação às nossas observações, como os microfísicos que ocorrem durante o processo de acendimento da luz. De acordo com a teoria de Hume, quando há causas particulares, deve haver também alguma regularidade: um evento particular não pode causar outro, a menos que haja uma regularidade subjacente que conecte os dois. Em outras palavras, para Hume não existe o que se costuma chamar de casualidade puramente singular (*singularist causation*), em que a causação de um evento por outro nada tem a ver com aqueles efeitos que o primeiro evento produz em outras ocasiões. Essa rejeição humiana da causalidade puramente singular está longe de ser uma tese trivial. Esse ponto se

torna claro se considerarmos as explicações *prima facie* causais, oferecidas pelos historiadores para explicar eventos particulares, como: *A marcha de Napoleão sobre Moscou provocou a queda de seu império*. Essa explicação da queda de Napoleão não parece exigir a suposição de que há uma regularidade geral ligando marchas sobre Moscou e quedas de impérios.

3. Em terceiro lugar, de acordo com a teoria de Hume, uma análise da causalidade pode ser desenvolvida em termos que não são causais em si; essa é conhecida como a tese da superveniência de Hume *(Humean supervenience)*: fatos causais, para Hume, sobrevêm a fatos não-causais no universo. Uma vez que estes últimos fatos são fixos, também sabemos o que causa o que, e não é necessário introduzir, além disso, relações causais adicionais.

Os seguidores contemporâneos da teoria de Hume aceitam ainda quase todos os três elementos listados, mesmo que nem todos compartilhem o que Hume sustenta a respeito dos esquemas gerais subjacentes às instâncias particulares da causalidade. Enquanto Hume pensa que tais padrões gerais são *de fato* regularidades, muitos neohumianos acreditam que deve haver leis genuínas da natureza para apoiar reivindicações contrafactuais (cf. capítulo 3). Por essa razão, tais teorias também são chamadas de *teorias nomológicas da causalidade*. Uma vez que influenciaram tanto a forma do debate moderno, essas teorias nomológicas são um ponto de partida útil para nossa discussão. Na seção 4.2, consideraremos duas versões recentes e populares da abordagem humiana, e nos deteremos em alguns dos problemas que elas apresentam. Esses problemas mostrarão as significativas perplexidades que permanecem não resolvidas em relação à abordagem geral de Hume à causalidade, e isso nos levará a nos voltar à teoria da causalidade de Aristóteles (seção 4.3), que proporcionará um ponto de partida para investigar como o realismo sobre os poderes, discutido no capítulo 2, pode oferecer novos recursos para explicar a causalidade (na seção. 4.4). Concluiremos, por fim, enfrentando uma questão que geralmente levanta dificuldades particulares: a causalidade mental, ou seja, como as ocorrências e as entidades mentais podem causar as mudanças físicas (na seção 4.5).

4.2. Alguns desenvolvimentos neo-humianos

Como vimos, os seguidores contemporâneos de Hume tendem a postular que as regularidades que estão na base das conexões causais particulares não são meramente regularidades gerais que existem de fato, mas acreditam que devem ser leis da natureza. Partindo dessa hipótese, eles muitas vezes estão de acordo com Hume, que, no capítulo de *Enquiry*, acima citado, após a definição de causa, escreve: "Ou, em outras palavras, onde [se] o primeiro objeto não existisse, o segundo jamais teria existido" (Ibid., 77, tradução nossa). Essas linhas sugerem que Hume pense a causalidade não simplesmente como baseada em regularidades gerais, mas (também) em termos de condições necessárias. Esta última resulta ser uma concepção mais rigorosa do que a primeira, pois, enquanto uma condição necessária resulta também em uma regularidade geral, algumas regularidades são puramente contingentes. Pode-se imaginar, por exemplo, que todos os homens de uma determinada comunidade, *de fato*, usem chapéu quando saem; mas isso não nos permite concluir que se Giulio não tivesse colocado o chapéu, não teria saído: seria possível que Giulio tivesse saído mesmo que tivesse esquecido o chapéu, mesmo que isso, *de fato*, nunca aconteça, e Giulio – como os demais homens da comunidade – nunca se esqueça de usar chapéu[1].

Muitos neo-humianos adotaram essa concepção da causalidade considerando as leis da natureza como o candidato mais óbvio para explicar por que a causa é uma condição necessária do efeito. Se existe uma lei da natureza pela qual um evento do tipo A segue um evento

---

1. Isso, no entanto, levanta a questão de como uma visão tão mais rigorosa possa ser reconciliada com a rejeição de Hume da necessidade e da *conexão necessária* entre causa e efeito; mas esse problema devemos deixar de lado.

do tipo B, então temos uma boa explicação do por que, *ceteris paribus*, se o evento do tipo B não ocorreu, o evento do tipo A também não teria ocorrido. Como resultado, muitos humianos do século XIX em diante passaram a pensar as causas como condições necessárias – ou, indo além de Hume: como condições necessárias e suficientes para seus efeitos (por exemplo, o famoso John Stuart Mill). Isso teve o efeito indesejado de colocar a análise filosófica da causa em desacordo com a linguagem comum, porque chamamos *causas* muitos fatores que não são precisamente necessários – ou suficientes – para seu efeito. Por exemplo, consideramos o arremesso de uma pedra como uma causa verdadeira da quebra da janela, mesmo que o arremesso da pedra não seja nem necessário para esse fim (porque a janela poderia ter se quebrado também de muitas outras maneiras), nem suficiente (uma vez que a janela não teria quebrado se algo tivesse parado a pedra em voo). Presumivelmente, na maioria dos casos apenas situações abrangentes relativas a todo o contexto de uma mudança são realmente suficientes ou necessárias para causar o efeito; mas ainda estamos preparados para chamar de *causas* mesmo os fatores particulares, que são muito menos abrangentes.

Uma das tentativas, mais conhecidas e influentes para resolver essa discrepância deve-se a John Leslie Mackie, que, em seu *Causes and conditions* (1993), procurou analisar a relação entre causas particulares e efeitos particulares em termos de uma sofisticada combinação de condições necessárias e suficientes. Como sustenta Mackie, uma causa não é por si suficiente nem necessária para seu efeito. Para citar seu exemplo: um curto-circuito causa um incêndio em uma casa, mas o curto-circuito não é uma condição suficiente, porque sem a presença de material inflamável e oxigênio o curto-circuito não teria causado o incêndio; mas não é sequer necessário, diz Mackie, já que qualquer coisa diferente do curto-circuito poderia ter causado o incêndio. Em vez disso, ele afirma, o curto-circuito é uma parte *insuficiente, mas necessária*, de uma condição que é em si *não-necessária* (para o efeito), *mas suficiente*. A causa é, portanto, o que ele chama de condição *INUS* (em inglês: *Insufficient, Necessary, Unnecessary, Sufficient*). A condição suficiente (geral) é um grande conjunto de condições que bastam para o efeito (embora na prática seja muito difícil, senão impossível, fornecer todos os detalhes dessas condições). Porém, sem incluir o curto-circuito, esse conjunto não teria sido suficiente para o efeito, e não teria levado ao incêndio. A análise de Mackie nos permite, portanto, chamar de *causas*, os fatores que não são *per se* necessários ou suficientes para o efeito. Ao mesmo tempo, transmite a ideia que, de certa forma, ou seja, em condições muito precisas, a causa era necessária e suficiente para o efeito. Uma vez que, dadas outras condições, era uma e outra, necessária e suficiente. Daí, considerando a presença de oxigênio e de material inflamável, bem como a ausência de possíveis intervenções que teriam evitado o início do incêndio, o curto-circuito foi suficiente para o escopo do incêndio. Ao mesmo tempo, dadas essas outras condições e dado que não havia fatores alternativos que, em combinação com elas, teriam levado ao incêndio, o curto-circuito era, no entanto, necessário para que essas outras condições levassem ao escopo do incêndio. Assim, podemos dizer que a causa é necessária e suficiente para seus efeitos *em determinadas circunstâncias*. (Em casos limítrofes, Mackie (1993, 36) admite que uma causa pode até ser necessária e suficiente em si mesma: as causas são, segundo ele, *pelo menos*, condições *INUS* para seus efeitos.) No entanto, a análise proposta por Mackie tem suscitado fortes críticas, em parte herdadas da análise humiana original, da qual Mackie se inspirou, e em parte especificamente levantadas contra suas sugestões. Vejamos brevemente três desses problemas.

a) O primeiro diz respeito à distinção entre *causas* e *condições de fundo*. Uma consequência óbvia da análise de Mackie é que cada evento tem muitas causas (e, de certo modo, isso é o que torna a análise atraente), porque, assim como o curto-circuito é suficiente e/ou necessário para seus efeitos, dadas as outras circunstâncias (incluindo a presença de oxigênio), também a presença de oxigênio é suficiente e/ou necessária para seus efeitos, dadas as outras circunstâncias (incluindo o curto-circuito). E podemos dizer o mesmo, também a respeito de qualquer outra condição *INUS* de qualquer efeito. No entanto, alguns filósofos rejeitam a ideia de que as coisas que não são eventos (como o curto-circuito) sejam causas, e sustentam que possam ser apenas condições de *fundo* ou *capacitantes* (*enabling*); esses filósofos procuram desenvolver uma teoria da causalidade que possa distinguir as causas das circunstâncias. Contudo, é muito difícil aplicar essas distinções a casos particulares sem forçar os fatos a se adequarem à teoria, ou introduzir distinções *ad hoc*. Quando, por exemplo, falamos de *a causa da morte de César*, não devemos entender o artigo singular *a* literalmente. César morreu por perda significativa de sangue, mas também porque foi esfaqueado, e porque seu guarda-costas não estava lá para protegê-lo naquele dia, e porque ele era ambicioso e queria se tornar rei de Roma etc. Todos esses fatores, eventos e estados, podem ser, em certos contextos, citados como *causas* da morte de César. Por que então pensar que apenas um deles foi *a causa real (e única)* da morte de César? Além disso, o que consideramos condições de fundo (em vez de causas), em um certo caso particular, parece depender principalmente dos nossos interesses ou expectativas sobre o *estado normal de coisas*; uma vez que esses interesses e expectativas frequentemente mudam, pode-se realmente esperar que uma teoria geral da causalidade explique essa distinção? (E, verdade seja dita, a maior parte das teorias filosóficas da causalidade se confrontam com esse mesmo problema.) Talvez essa distinção não seja uma distinção metafísica, mas apenas pragmática, devido às exigências de nossa prática em dar explicações. Assim, mesmo que a teoria de Mackie não ofereça um bom critério para distinguir entre condições de fundo e causas reais e próprias, isso provavelmente não pode ser considerado uma objeção decisiva contra ela.

b) Uma segunda dificuldade diz respeito à relação entre causalidade e determinismo. A explicação das causas como condições *INUS* pressupõe que exista uma condição suficiente para a ocorrência do efeito, mesmo que essa condição compreenda mais do que as causas individuais tomadas isoladamente. No caso de causalidade determinística (ou seja, um caso em que o efeito *deve* seguir a causa), assumir condições suficientes não é um problema. No entanto, presumivelmente, existem também casos de causalidade indeterminista. A mecânica quântica, em particular, motivou numerosos filósofos a levantar a hipótese de que existam também tipos de causalidade desse gênero (em que a probabilidade de ocorrência do efeito aumenta significativamente pela presença da causa, mas o efeito nunca é necessário). Nesses casos, porém, não haverá qualquer condição *INUS* em jogo, pois não há um conjunto de condições precedentes que assegure a ocorrência de um determinado efeito. A concepção de causa de Mackie exclui, portanto, a princípio, as causas indeterministas, e isso a torna menos plausível.

c) Outra dificuldade diz respeito à *direção* da causalidade. Geralmente se pensa que a causalidade tenha uma direção que vai da causa ao efeito[2]. Esse direcionalidade se expressa em uma característica formal da relação causal, a saber, no fato de ser não-simétrica: se *x* causa *y*, então (geralmente, embora possa haver exceções) *y* não causa *x* (ou, em qualquer caso, não se segue que *y* cause *x*). Um desafio bem conhecido para as tentativas de definir a causalidade em termos de condições suficientes e necessárias consiste em explicar essa direcionalidade. Isso se torna difícil se a causa for considerada uma condição necessária *e* suficiente para o efeito – porque se *x* é necessário e suficiente para *y*, então segue-se que também *y* é necessário e suficiente para *x*. Esse problema geral é herdado de explicações da causalidade como a de Mackie, porque, como vimos, para Mackie, *A causa B* exige que *A* seja, *pelo menos*, uma condição *INUS* para *B*, permitindo assim que *A* possa ser, *per se*, uma condição necessária e suficiente para *B*. Então, como Mackie pode explicar a direcionalidade da causalidade?

---

2. Embora a concordância de que a causalidade possui uma direção seja generalizada, não há, entretanto, consenso sobre o que sustenta a direção causal de um ponto de vista metafísico. Cf. Schaffer (2007) para uma descrição do espectro de posições existentes na literatura.

Hume e seus seguidores geralmente explicam a direção da causalidade usando a direção do tempo. (Pensemos na definição de causa de Hume, em *Enquiry*, segundo a qual o primeiro objeto é "*seguido* por outro"; HUME, 1974, 76; tradução e itálicos nossos.) Essa estratégia, no entanto, não funciona em casos de causalidade simultânea, em que causa e efeito ocorrem ao mesmo tempo. Por exemplo, se duas cartas que estão apoiadas uma na outra se sustentam reciprocamente, em pé, o estar ereta de uma causa e o estar ereta da outra, e vice-versa, e as duas instâncias de causalidade parecem ser completamente simultâneas (cf. POLLOCK, 1976, 173)[3]. Então, como pode se explicar a direção da causalidade?

Uma teoria da causalidade que promete resolver tanto o segundo quanto o terceiro problema – e que geralmente é classificado como *humiana* – é a teoria da causalidade de David Lewis[4]. Lewis segue muito de perto a segunda definição de causa de Hume, que havíamos citado anteriormente, e define a causalidade por meio de certos condicionais contrafactuais. Como já vimos na seção 3.4, Lewis usa os mundos possíveis e a noção de similaridade relativa entre mundos possíveis para explicar as condições de verdade de tais condicionais.

Quando $A \square \!\!\rightarrow C$ é verdadeiro, podemos dizer que *C depende contrafactualmente* de *A*. Usando a noção de *dependência contrafactual*, que é uma relação entre proposições, Lewis define a *dependência causal*, que é uma relação entre eventos particulares. Sejam *c* e *e* termos que denotam eventos particulares (por exemplo, *o assassinato do*

---

3. O próprio Mackie também refuta a equação entre direção da causalidade e tempo, porque aceita a possibilidade de causalidade *reversa* (*backwards causation*), na qual os efeitos precedem no tempo as próprias causas. Em vez disso, ele sugere que poderia se explicar a direção da causalidade através da direção da explicação (ou seja, que a causa possa explicar o efeito de uma forma que o efeito não pode explicar a causa), mas é questionável se essa estratégia possa funcionar em detalhe, sem já se referir implicitamente à direção da causalidade.

4. Para a versão original de Lewis, cf. a coleção de ensaios do autor (1986b); para uma revisão, cf. LEWIS, 2004.

arquiduque Ferdinando, a Primeira Guerra Mundial); *O* seja um predicado de eventos significando *acontece*; ~ signifique a negação (*não*). Podemos então, definir a dependência causal da seguinte forma:

e depende causalmente de *c, se e somente se*:
(1) $Oc \:\square\!\!\rightarrow Oe$; e (2) $\sim\!Oc \:\square\!\!\rightarrow \sim\!Oe$

Se *c* e *e* são ambos eventos realmente ocorridos, então (1) é automaticamente verdadeiro, porque o mundo real é sempre o mundo mais próximo de si mesmo. (Porque se *c* e *e* ocorrem no mundo atual, no mundo-*c* mais próximo do mundo atual – que é o mundo atual–também *e* ocorre.) Uma vez que em cada instância de causalidade, causa e efeito devem ocorrer, a condição (1) é satisfeita trivialmente em cada instância. A cláusula (2) é, portanto, o cerne da análise contrafactual de Lewis: ele diz que se *c* não tivesse acontecido, *e* não teria acontecido: e isso é o que significa que *e* depende causalmente de *c*.

A dependência causal, no entanto, não é a mesma coisa que causalidade: Lewis afirma que a dependência causal entre eventos reais implica a causalidade, mas não o contrário, porque a causalidade é definida em termos de uma *cadeia* de dependências contrafactuais. Uma *cadeia causal* é definida como uma sequência de eventos reais, *c, d, e...* etc., em que *d* depende de *c*, *e* depende de *d* etc. Então, *c* é uma causa de *e*, onde há uma cadeia causal de *c* para *e*. Essa definição permite a existência de uma sequência em que *c* causa *e*, porquê *e* depende causalmente de *d*, enquanto *d* depende causalmente de *c*, mas onde *e* não depende causalmente de *c*. Imaginemos, por exemplo, que a mãe de Giorgio o tenha acordado essa manhã para garantir que ele pegasse o ônibus para chegar a tempo na aula. Se a mãe não o tivesse acordado cedo, Giorgio teria chegado atrasado no ponto de ônibus e, nesse caso, não teria chegado na hora para a aula. Desse modo, o fato de sua mãe tê-lo acordado, fez com que Giorgio chegasse no horário para a aula. Porém, Giorgio ainda poderia ter chegado a tempo para a aula, mesmo que sua mãe não o tivesse acordado cedo e se, por exemplo, o pai de seu colega tivesse prometido dar-lhe uma carona, caso sua mãe tivesse se esquecido de acordá-lo cedo. Portanto, o fato de Giorgio ter chegado pontualmente à aula não depende causalmente do fato de sua mãe tê-lo acordado cedo. Lewis define a causalidade, portanto, como o *ancestral da relação de dependência causal*. O ancestral de uma relação R é aquela relação que está para R como a relação *ser um ancestral* está para a relação *ser um genitor*. A relação *ancestral* pode ser definida assim: x é um ancestral de y se x é um genitor de y ou x é um genitor de um genitor de y, ou x é um genitor de um genitor de um genitor de y... e assim por diante. Embora *x é um genitor de y* não seja transitivo (a avó de A é um genitor de um genitor de A, mas não um genitor de A em si), *x é um ancestral de y* o é. Temos a mesma estrutura para as relações *x é causalmente dependente de y* e *x é uma causa de y*.

Para poder explicar a direção da causalidade, Lewis introduz considerações adicionais sobre a direção do tempo, não apenas assumindo que a direção da causalidade é a direção do tempo, mas também tentando obter a relevância da direção do tempo a partir de considerações sobre a similaridade relativa entre mundos possíveis. (A ideia-chave, que não podemos explorar detalhadamente aqui, é que os eventos em nosso mundo têm mais efeitos do que causas e que, como resultado, os mundos com passados iguais ou muito semelhantes são destinados a ser mais semelhantes entre si em comparação com mundos com futuros semelhantes.) Mas nem todos foram persuadidos por essa resposta ao problema *c*) e, em particular, a resposta de Lewis não parece funcionar para casos de causalidade simultânea. Com relação ao problema *b*), por outro lado, a explicação de Lewis não pressupõe – ao contrário da de Mackie – que a causalidade deva ser sempre determinista. Se pudermos estabelecer uma similaridade relativa entre mundos, nos casos em que os eventos nesses mundos são apenas probabilisticamente conectados, então a análise de Lewis da causalidade funciona, também, para casos os indeterministas.

No entanto, a teoria de Lewis encontra outros problemas. Em primeiro lugar, parece haver muitos casos de dependência contrafactual entre eventos que não são casos de dependência causal (cf. Kim,

1993). Imaginemos, por exemplo, que Giulio prometeu a Paola que não beberia álcool nesse final de tarde, e que esta é a única promessa que Giulio já fez a Paola. Se Giulio bebesse álcool nesse final de tarde não cumpriria sua promessa. Além disso, como essa foi sua única promessa a Paola, se ele não bebesse álcool essa noite não quebraria sua promessa. Assim, ambas as condições de dependência causal postuladas por Lewis, (1) e (2), são satisfeitas com relação aos eventos: que Giulio bebeu álcool e que ele quebrou sua promessa. Contudo, o fato de Giulio ter bebido álcool não *causou* que ele quebrasse a promessa feita a Paola: o fato de ter bebido *constituiu* a quebra da promessa. Generalizando a partir desses casos, Jaegwon Kim e outros levantaram objeções à análise de Lewis, argumentando que a causalidade é apenas um dos vários tipos de dependência que podem estar subjacentes às condicionais contrafactuais dos tipos (1) e (2) (cf. Ibid., 92). E, como podemos distinguir as relações de dependência causal das outras?

Há, também, alguns casos envolvendo causalidade que a análise de Lewis não abrange, a saber, os casos de sobredeterminação (*overdetermination*) e preempção causal (*causal pre-emption*). Nos casos de sobredeterminação, há duas causas suficientes, de modo que, se mesmo que uma delas estivesse ausente, o efeito ainda ocorreria. Considere, por exemplo, dois assassinos atirando no presidente Kennedy, independentemente um do outro, mas de forma que seus projéteis atinjam o coração do presidente ao mesmo tempo. Nesse caso, se o primeiro assassino não tivesse atirado, o segundo ainda teria matado o presidente. E o mesmo pode ser aplicado *mutatis mutandis* ao segundo assassino. Desse modo, nenhum dos tiros foi necessário, e o contrafactual relevante *(2) Se o tiro não tivesse ocorrido, o presidente não teria morrido*, seria falso para ambos. No entanto, geralmente consideramos os dois tiros como causas da morte do presidente[5].

---

5. O próprio Lewis não quer lidar com esses casos porque, segundo ele, há uma falta de "firm naïve opinions about them" (Lewis, 1986b, 171). Vários filósofos, entretanto, têm percepções positivas mais decisivas sobre esses casos.

Os casos de preempção causal são mais complicados, porque neles o evento A causa o evento B, mas ainda existe uma causa *reserva* que teria causado B se A não tivesse efeito. Em tais casos, embora A seja a causa de B, B teria acontecido mesmo que A não tivesse acontecido. Imaginemos que um dos dois assassinos atire no presidente, alcance seu objetivo e o mate. O segundo assassino estava lá como *reserva*, e atiraria apenas no caso em que o primeiro tivesse mudado de ideia, ou não tivesse atingido o presidente. Suponhamos que o segundo assassino fosse um atirador experiente, e que certamente teria matado o presidente. Nesse caso, embora esteja claro que foi o tiro do primeiro assassino que causou a morte do presidente (uma vez que o segundo assassino nem mesmo atirou), não é verdade que se o primeiro assassino não tivesse atirado, o presidente não seria morto. A resposta de Lewis a tais casos, desse gênero, reporta-se à sua definição de causalidade, em termos de uma cadeia de eventos causalmente dependentes. O disparo do primeiro assassino causa a morte do presidente porque há uma cadeia de eventos entre o tiro e a morte (o projétil que sai da arma e voa pelo ar, atingindo o coração do presidente etc.). Cada evento dessa cadeia é causalmente dependente do precedente, mas isso não significa que a morte é causalmente dependente do tiro (lembre-se do caso de Giulio, acima). Portanto, o fato de haver uma reserva, não muda o fato de que o tiro seja a causa da morte do presidente. Essa resposta, no entanto, funciona apenas quando o caso de preempção envolve uma cadeia de etapas causais intermediárias e a dependência causal falha apenas com relação a algumas etapas precedentes da cadeia. Não poderia ser que a causa *reserva* esteja *esperando nos bastidores* no último (ou único) elo da cadeia? Imaginemos que um mago seja capaz de causar diretamente a morte do presidente com um feitiço. Se o mago pronunciasse o feitiço imediatamente antes que o projétil atinja o presidente, e se o seu lançar o feitiço matasse diretamente o presidente, a única causa da morte do presidente seria o feitiço e não a bala do assassino (que chegaria muito tarde para matar o presidente). No entanto, o fato de que a bala já estava *a caminho* ainda exigiria a morte do presidente. A resposta de Lewis não abrange um caso como esse, porque a cadeia causal que vai do feitiço à morte do presidente não envolve nenhum elo intermediário, e não há dependência causal do único elo da cadeia que levou à morte do presidente.

Portanto, mesmo as teorias humianas *sofisticadas*, como as de Mackie e de Lewis – que foram desenvolvidas para remediar alguns problemas da teoria original de Hume – encontram dificuldades significativas (aqui, discutimos apenas algumas delas). Consequentemente, um número cada vez maior de filósofos acredita que vale a pena, nesse momento, reconsiderar a alternativa oferecida pela concepção aristotélica de causalidade que Hume procurou demolir.

4.3. A teoria da causalidade de Aristóteles[6]

É sabido que Aristóteles distingue quatro tipos de causas. Tome uma estátua criada por Fídias, por exemplo a estátua de Atena, na Acrópole de Atenas. Segundo Aristóteles, o mármore de que é feita é sua causa material; sua forma, estrutura ou organização funcional é sua causa formal; Fídias é sua causa eficiente; o propósito para o qual foi feito, por exemplo, para decorar um templo, é sua causa final. Pode parecer estranho falar de todas essas coisas como *causas* da estátua. Em que sentido, por exemplo, a forma de algo é sua causa? Alguns intérpretes sugeriram que se tomamos a ideia de causa em um sentido amplo, em termos de uma explicação do *por que algo é como é*, a teoria de Aristóteles adquire muito mais sentido, porque cada uma das quatro causas, em um sentido diferente, representa uma resposta à pergunta: *Por que a estátua é como é?* As quatro causas de Aristóteles, portanto, parecem ser quatro tipos de *explicações* (cf., por exemplo, FINE, 1986; CHARLES, 1984; WATERLOW, 1982; ANNAS, 1982). No entanto,

---

6. Este parágrafo é baseado em MARMODORO, 2007.

essa interpretação da teoria de Aristóteles foi, pelo menos em parte, motivada pelo fato de que nossa concepção de causalidade sofreu uma mudança radical no século XVII, quando a filosofia experimental e o atomismo começaram a ganhar terreno no mundo da filosofia e das ciências. No curso dessas mudanças, nossa ideia de causa foi reduzida ao terceiro tipo de causa aristotélica, ou seja, a causa eficiente, considerada como o único tipo de causa verdadeira e própria. Para os filósofos da Antiguidade e da Idade Média, por outro lado, existem mais tipos de causas, e não apenas a eficiente (cf. por exemplo, SORABJI, 1980, 26-44; FREDE, 1987, 125-150). Aristóteles – ao contrário do que muitos intérpretes sustentam, sugerindo que devemos interpretar as suas quatro causas como quatro tipos de explicações – pensa nelas como causas reais e próprias, e não como meras explicações; as quatro causas são diferentes tipos de poderes, e a causalidade é o exercício ou a manifestação de poderes reciprocamente dependentes. A dependência recíproca entre os poderes baseia-se no fato de que, para Aristóteles, os poderes são propriedades monádicas, de um tipo especial, que ele chama de *relativas* (*pros ti*, como vimos no capítulo 2; ver, por exemplo, a seguinte passagem de *Categorias* 7b6-7: "se não há mestre, também não há escravo"). Os poderes relevantes são mutuamente dependentes, não por sua existência, mas pelo seu exercício: cada agente requer um paciente no qual agir. Para melhor entender essa teoria, concentremo-nos na análise que Aristóteles oferece sobre a interação causal entre movente e movido em sua discussão sobre mudança ou movimento (*kinesis*) na *Física* III[7]. Quais são, então, os elementos--chave para explicar uma conexão causal como a existente entre um movente e um movido? Aristóteles começa com uma afirmação programática; explicar o movimento não requer o uso de nenhuma nova categoria de entes:

---

7. Para obter uma definição de *kinesis*, cf. *Física*, 201a9-10; 201a27-29; 201b4-5; 202a13-14.

Não há movimento fora das coisas. Porque, o que muda, sempre muda, ou conforme a substância, ou conforme a quantidade, ou conforme a qualidade, ou conforme o local [...]. Portanto, também não haverá movimento ou mudança de qualquer coisa fora das coisas ditas, pois na realidade nada *existe* fora das coisas que enunciamos (ARISTÓTELES, 1999, 200b32-201a3, itálico nosso).

Para explicar o movimento e a mudança, Aristóteles usa ideias já introduzidas em outra parte de sua metafísica: a forma, a privação da forma, o substrato da mudança e a distinção entre ser em potência e em ação[8]. A causalidade eficiente é explicada como a transmissão da forma do movente ao movido:

> Mas aquilo que se move [transmitirá] sempre alguma forma: ou isso, ou o quê, ou quanto, forma que será o princípio e a causa do movimento, quando se move: por exemplo, o homem em ato produz um homem a partir do que é um homem em potência (Ibid., 202a9-12).

Assim, em termos gerais, Aristóteles apresenta a causalidade como a transmissão de uma forma de um agente para um paciente (mas essa é apenas uma descrição metafórica que representa a *realização* de poderes relativos no agente e no paciente, como veremos em um momento). O agente transmite a forma e o paciente a recebe; embora o agente e o paciente se relacionem de uma forma única, entretanto o fazem de forma diferente um do outro. A forma transmitida pelo agente é a causa; a privação da forma no paciente é o que permite sua recepção; e o processo físico que facilita a transmissão da forma é o substrato da mudança causal. Por exemplo, na construção de uma casa os movimentos das mãos do construtor facilitam a transmissão da forma da casa aos materiais de construção. Compreender a causalidade, em termos da transmissão da forma, desempenha um papel

---

8. "[Nós] distinguimos, de acordo com cada gênero, o que está em ato e o que está em potência" (ARISTÓTELES, 1999, 201a9-10).

importante na explicação da causalidade de Aristóteles: permite-lhe identificar causa e efeito de maneira não arbitrária. Para Aristóteles, a distinção entre causa e efeito não é uma questão de pura convenção, mas há um princípio metafísico que se encontra em sua base. Ao contrário da proposta de Hume, porém, essa distinção não se baseia na sucessão temporal. Segundo Aristóteles:

> É possível, é claro, que o que tem a audição não ouça e o que tem o som nem sempre soe. Mas quando aquilo que tem o poder de ouvir exerce o ato e faz soar o que é em potência de soar, então, simultaneamente ocorrem, a audição em ação e o som em ação: pode-se chamar a primeira de audição, a segunda de ressonância (Id., 2007b, 425b26-426a1).

Aristóteles é claro em sustentar que as causas reais *não* precedem seu efeito real no tempo; quando, por exemplo, um mestre ensina um aluno, o ensinar (que é a causa) e o aprender (que é o efeito de ensinar) têm a *mesma duração*. É verdade que a capacidade de ensinar está no mestre antes que ele se dedique ao ensinamento (e mesmo que nunca se ocupasse de ensinar), e assim é o poder passivo correspondente naquele que aprende; mas sua realização tem a mesma duração temporal[9]. Em *Física*, Aristóteles afirma que as duas realizações são, também, em certo sentido, a mesma coisa (enquanto em outro sentido, não o são). Aristóteles explica assim o sentido em que a realização de um poder ativo e a de um poder passivo são a mesma coisa:

> <O motor> é capaz de se mover para ser <motor> em potência, e é motor para passar ao ato; mas é capaz de fazer com que o móvel se mova para o ato, de modo que o ato de ambos é único (Id., 1999, 202a13-18).

---

9. No entanto, é importante notar que esta coincidência temporal das duas realizações não coloca problemas para a direção da causalidade, porque a direção da transmissão da forma é assimétrica e determina qual é o agente e qual é o paciente na interação causal.

Embora a afirmação de Aristóteles sobre a unicidade da realização das potencialidades do movente e do movido possa parecer inicialmente surpreendente, Aristóteles a esclarece em um longo e intrincado argumento dialético, em *Física*, 202a21-b5 (cf. Marmodoro, 2007, 207, 230-231). No curso desse argumento, Aristóteles recusa algumas das possíveis explicações alternativas à sua própria, e introduz os princípios metafísicos com os quais explicará a unicidade (e coincidência no tempo) da realização da ação do agente e do paciente. Em suma, Aristóteles considera duas possibilidades: que as duas realizações de poderes do movente e do movido podem ser diferentes ou podem ser a mesma coisa. Se as duas realizações são diferentes, então, ou ambas ocorrem ou no movente ou no movido, ou uma ocorre em um e outra no outro. Se ambas ocorrem em um, então o que ocorre em ambas mudará de dois modos diferentes em relação à uma mesma forma: por exemplo, no caso de *A* que ensina *B*, então uma pessoa ensinará e aprenderá ao mesmo tempo; mas isso não é plausível. (Por hipótese, a pessoa que ensina e a que aprende não são numericamente idênticas.) Por outro lado, se a realização do poder do movente está no movente e a realização do poder do movido está no movido, então a ação causal do movente terá um impacto no próprio movente e não sobre o movido; ou não terá impacto algum, caso em que não será um movente em ação. Segue-se, portanto, que as realizações de poderes pertencentes respectivamente ao movente e ao movido não podem ser diferentes e devem ser idênticas; mas, se assim fosse, chegaríamos ao absurdo, pois mover e ser movido não *podem* ser a mesma coisa. A resposta de Aristóteles, que resolve o dilema, é que as duas realizações são *diferentes, mas também uma só*; são essencialmente diferentes, mas interdependentes, e ambas ocorrem no paciente. Logo após desenvolver o dilema que acabamos de considerar, Aristóteles expressa sua posição:

> Tampouco é necessário que aquele que ensina aprenda: nem mesmo que agir e ser submetido sejam a mesma coisa, mas como não é <necessário que seja> uma noção [*logos*] que diga a quididade [*to*

ti ên einai], à maneira de *túnica e manto*, mas como o caminho que vai de Tebas a Atenas e o caminho que vai de Atenas a Tebas, como também foi dito anteriormente (ARISTÓTELES, 1999, 202b10-14).

O termo grego *logos* que Aristóteles usa nesse contexto é muito importante; é claro que com ele Aristóteles quer dizer a definição de uma natureza ou essência, como veremos um pouco mais adiante no texto, onde ele usa a expressão técnica *to ti ên einai*, cunhada por ele mesmo para se referir à essência. É uma pedra angular do essencialismo de Aristóteles (pelo menos no que diz respeito às substâncias) que duas coisas essencialmente diferentes, por exemplo, um lobo e um coelho, sejam também numericamente diferentes. No caso do movente e do movido, ser um agente é diferente de ser um paciente; as respectivas definições são diversas (202a20, 202b22) e, portanto, agente e paciente são tipos diferentes de coisas (202b1). No entanto, no caso do agente e do paciente, embora as definições que expressam as suas essências (202b12) sejam diversas, Aristóteles afirma que "agir e ser submetido são, exatamente, a mesma coisa" (202b11). O exemplo a seguir, na passagem citada, nos ajuda a entender essa afirmação. A viagem de Atenas a Tebas e a de Tebas a Atenas são, em certo sentido, a mesma coisa, porque esses caminhos ocorrem na mesma estrada. A linha de um a dois ocorre no mesmo intervalo que a linha de dois a um. Da mesma forma, o substrato das realizações do agente e do paciente é o mesmo, apesar de que as essências dessas realizações sejam essencialmente diferentes. Aristóteles expressa esse ponto da seguinte maneira:

> Para falar de modo geral, nem o ensinar é, no sentido próprio, a mesma coisa que o aprender, nem a execução da ação de submeter-se a ela, mas <é idêntico> aquilo a que essas coisas pertencem, a saber, o movimento. De fato, o ser ato *disso* para *isso* e sê-lo pela ação *disso*, são coisas diferentes por definição (Ibid., 202b19-22).

Já que o poder de ensinar e o poder de aprender são essencialmente diferentes (e pertencem a disciplinas diferentes), também suas realizações diferem em essência. No entanto, há uma atividade comum que realiza ambos os poderes: um não pode ser realizado sem o outro. O mestre não ensina se o aluno não aprende, e o aluno (ou seja, aquele que está sendo instruído) não aprende (ou seja, não é instruído) se o mestre não ensina. A sua interdependência é devida ao fato de que são realizados pela mesma atividade. Ambos, portanto, caracterizam essa atividade de maneira essencial; essa atividade é uma instância de ensinar e de aprender. A atividade instancia duas essências, que são unidas por uma recíproca dependência. A *unicidade* da atividade reflete a realização interdependente da causa e do efeito, e explica, também, que as causas duram tanto quanto seus efeitos. As *duas essências* que a atividade instancia preservam a bipolaridade de interação causal (que envolve um agente e um paciente). O fato de que a realização interdependente de causa e de efeito está no paciente nos permite distinguir entre o agente e o paciente e entre poderes ativos e passivos, como veremos na próxima seção.

4.4. Podemos explicar a causalidade como exercício de poderes ativos e passivos?

A teoria aristotélica que apresentamos brevemente tem muitos aspectos promissores. Como já destacamos no final da seção 4.2, os problemas que as teorias neo-humianas da causalidade ainda encontram levaram muitos filósofos a retornar ao modelo aristotélico. Os neo-aristotélicos querem desenvolver uma teoria da causalidade em termos de realização de potencialidades (como teria dito Aristóteles) ou de exercício de poderes (como diríamos nós). Muitos acreditam que essa ideia aristotélica nos permite explicar a causalidade de tal forma que envolva a produção e "a derivação de um efeito de suas causas" (ANSCOMBE, 1993, 92); essas, segundo muitos filósofos, são ideias importantes que se perderam no debate depois de Hume. No entanto, existem várias maneiras de desenvolver uma teoria neo-aristotélica da causalidade. Uma distinção importante é entre aqueles que pensam que a causalidade seja a coativação de poderes *parceiros* (*partner powers*), um ativo e outro passivo (por exemplo, MARMODORO, 2007; MUMFORD; ANJUM, 2011), e aqueles que pensam que, às vezes, ela envolve a manifestação de apenas um tipo de poder, ou seja, um poder ativo (por exemplo, O'CONNOR, 2009; MAYR, 2011). (Isso não significa que, para esses últimos filósofos, os poderes ativos e passivos nunca estejam envolvidos juntos em transações causais, mas apenas que não é necessário que estejam.) Outra distinção importante é aquela entre os filósofos que defendem que os poderes são, eles próprios, os *relata* nas relações causais, e aqueles que consideram que somente eventos ou objetos podem ser assim. Uma terceira distinção é entre aqueles que sustentam que todas as instâncias de causalidade envolvem a ativação de poderes, e aqueles que sustentam que esse é o caso de apenas algumas instâncias[10].

Muitas – embora não todas – as teorias de causalidade baseadas no poder usam a distinção entre poderes ativos e passivos; o que torna esse movimento interessante é que ele promete oferecer uma explicação da direção da causalidade (que, como vimos na seção 4.2, apresenta dificuldades consideráveis para os neo-humianos). No entanto, nem todos os que querem explicar a causalidade em termos de poderes acham que essa distinção é válida; para eles, todas as transações causais são simétricas, sem distinção entre agente e paciente. Por exemplo, John Heil escreve:

> A visão padrão da causalidade nos levaria a pensar que a água e o sal estão relacionados como agente e paciente: a água, ou talvez a água que recebe o sal, faz com que o sal se dissolva. É possível que a água possua um *poder ativo* para dissolver o sal, e que o sal possua o

---

10. Na literatura, esta última questão é, às vezes, abordada em textos nos quais se questiona se todos os tipos de causalidade são de um único tipo, por exemplo substância-causalidade (LOWE, 2002), ou se há diferentes tipos irredutíveis de causalidade, por exemplo alguns tipos em que a causalidade consiste na ativação de um poder causal de uma substância, e outros mais ou menos de acordo com a linha humiana; cf. O'CONNOR, 2000; e CLARKE, 1996.

poder passivo complementar para ser dissolvido na água. Mas observemos mais atentamente o que acontece quando colocamos sal em um copo de água. Certas características químicas do sal interagem com certas características físicas da água [...]. Essa interação é, ou parece ser, contínua e não sequencial; e é, ou aparenta ser, simétrica (Heil, 2012, 118, tradução nossa).

Outros casos muito discutidos, que ilustram a simetria de que fala Heil, são aqueles de cartas de baralho que, encostadas umas nas outras, e que se apoiam mutuamente em sua posição (como havíamos já mencionado na seção 4.2.), e os casos em que um cubo de gelo esfria um copo de limonada, enquanto ele próprio está sendo aquecido (e derretido). Casos como o das duas cartas de baralho que se apoiam mutuamente, são muito comuns na natureza e, de acordo com Heil, mostram que não há distinção metafísica entre causa e efeito e, portanto, entre a manifestação de um poder ativo e a manifestação de um poder passivo. Há apenas uma única e idêntica manifestação para ambas, e o fato de chamá-la de *dissolver* ou *ser dissolvido* (no caso do sal na água, como Heil vê) é apenas uma questão de *perspectivismo*, ou seja, de como olhamos os eventos e o que estamos interessados em saber sobre eles. Entretanto, a conclusão de Heil não é convincente. Admitamos também, para fins de argumentação, que existam alguns casos de interações simétricas na natureza, como o caso de duas cartas encostadas uma na outra; seria errado supor que isso ocorra em *todos* os casos. Voltemos ao nosso caso da água dissolvendo o sal: embora tanto o sal quanto a água mudem durante sua interação, a interação não é completamente simétrica, pois não é verdade que o que a água faz com o sal e o que o sal faz com a água sejam ações do mesmo tipo. Por exemplo, as moléculas de água polarizadas, quebram a ligação entre os íons negativos do cloreto e os positivos do sódio; o sal, por outro lado, não quebra as moléculas de água. A reação química é, portanto, assimétrica. O fato de que a água dissolva o sal, mas que o contrário não seja verdadeiro, é cientificamente explicativo: falar sobre a dissolução do sal na água transmite conhecimento científico e, especificamente, um conhecimento sobre o funcionamento do processo causal.

Como então distinguir poderes ativos e passivos, se acreditarmos que esta distinção possa explicar a assimetria da causalidade? A distinção pode ser pensada como *absoluta*, de modo que um poder é, em geral ou por natureza, ativo ou passivo; ou como *relativa*, de modo que os poderes ativo e passivo não sejam assim por natureza, mas *assumem* um ou outro papel, dependendo de seu envolvimento em uma interação causal (como pensa Aristóteles). Para Aristóteles, um poder tem um papel ativo se fizer com que outro poder (ou o portador de outro poder) mude. (Mesmo que ambos os poderes sofram mudanças, um muda muito mais ou mais radicalmente do que o outro, como no caso da água dissolvendo o sal, ao quebrar a ligação entre seus íons.) Outra maneira de estabelecer a distinção entre poderes ativos e passivos baseia-se na dependência (relativa) da manifestação de um poder em circunstâncias externas: um poder é comparativamente mais ativo quanto maior for a variedade de circunstâncias em que se manifesta, e quanto menor for a necessidade de ativação nessas circunstâncias (cf., por exemplo, HARRÉ; MADDEN, 1975; MAYR, 2011, cap. 8). Em ambas as alternativas, a distribuição de papéis, ativo e passivo, não se baseia simplesmente em considerações epistemológicas, mas em considerações metafísicas[11].

---

11. Claramente a atribuição dos papéis ativos ou passivos aos poderes envolvidos em uma interação causal, seja como for, não é fácil ou inequívoca. A atribuição é menos clara, por exemplo, se a atividade de um poder não provocar nenhuma mudança que possa ser observada, e o efeito for meramente a ativação de outro poder, cuja manifestação *equilibra* a do primeiro (por exemplo, no caso de duas cartas de baralho encostadas uma na outra, a força e o peso de cada uma é ativado sem que haja alteração observável). Além disso, a atribuição de papéis ativo e passivo é menos clara se os poderes forem temporariamente alterados, mas posteriormente restaurados (por exemplo, quando os poderes de repulsão de dois elétrons influenciam um ao outro ao se juntarem apenas para se cancelarem mutuamente após se afastarem um do outro novamente). Contudo, isso não significa que a distinção em geral não tenha sentido, e que não haja casos em que se possa distinguir claramente qual elemento é ativo e qual é passivo.

4.5. Causalidade Mental

Parece óbvio dizer que eventos, estados e propriedades mentais são causalmente eficazes. E parece igualmente óbvio que eles possam gerar mudanças físicas. Por exemplo, suponha pensar muito sobre a solução de um problema matemático (*quanto é 246 + 874?*) e de acertar o resultado (*ah, dá 1.120!*). Seu pensamento, *Ah, dá 1.120!* é um evento mental que pode causar não apenas outros pensamentos, como por exemplo, *Então a soma total é 5.698*, mas também efeitos físicos, como escrever *1.120* na folha da sua prova. Ou, imagine que você sinta uma forte pontada de dor ao entrar em contato com um objeto quente: é a dor que faz você gritar (e gritar é uma ocorrência física). Ou, quando você pretende fazer algo, a sua intenção claramente tem consequências face às suas ações: a menos que sua vontade seja fraca, ou que você seja, de algum modo, impedido de agir, a intenção formulada fará você agir de determinadas maneiras. Esses três casos, e muitos outros semelhantes, parecem ser exemplos inequívocos de causalidade. No entanto, foi desde a época de Descartes que o problema da causalidade mental tem preocupado os metafísicos. Para Descartes, o problema decorre da sua rigorosa distinção entre entidades puramente mentais (almas) caracterizadas por terem consciência, e entidades físicas (corpos) que não possuem propriedades mentais. Essa separação rigorosa na ontologia torna premente a questão de como esses dois tipos de entidades podem interagir – e, ao mesmo tempo, torna esse problema quase intratável. Antes de tudo, a alma para Descartes não está localizada em nenhum lugar do corpo, o que torna completamente misterioso como ela pode ter um impacto sobre o corpo. Descartes achava que era um órgão especial, a glândula pineal, que permitia que a alma agisse sobre o corpo; mas a hipótese de que exista tal órgão não resolve, mas apenas adia o mistério de como uma coisa puramente mental pode interagir com algo completamente diferente. (Depois de Descartes, alguns filósofos perderam a esperança de oferecer uma resposta ao problema da interação entre substâncias completamente diferentes. Malebranche, por exemplo, achava que toda interação evidente entre alma e corpo era mediada pela intervenção divina. Essa teoria é conhecida como Ocasionalismo.) O problema da causalidade mental, levantado por Descartes deriva, portanto, diretamente do seu dualismo, a teoria segundo a qual as substâncias mentais e físicas são dois tipos exclusivos de substâncias que não dividem qualquer propriedade essencial[12]. Esse *dualismo em relação às substâncias* representa, hoje em dia, apenas uma posição minoritária, principalmente porque não consegue explicar as interações causais entre mente e corpo. A maioria dos filósofos contemporâneos aceita alguma forma de *fisicalismo*, segundo o qual (como pré-requisito básico mínimo), todas as substâncias naturais têm propriedades físicas essenciais e podem, portanto, ser qualificadas como substâncias físicas. No entanto, o problema da causalidade mental reapareceu de diferentes formas na história da filosofia – e parece bastante plausível pensar que, enquanto objetos mentais e físicos, sejam eles substâncias, propriedades ou eventos, forem considerados como pertencentes a duas classes mutuamente exclusivas, esse problema assombrará os filósofos de uma forma ou de outra[13]. Mesmo aqueles que acreditam que todas as substâncias são substâncias físicas devem assumir que algumas substâncias possuem as propriedades e os estados mentais, além de suas propriedades e estados físicos. Por exemplo, nós, como seres humanos, temos propriedades e estados mentais: temos crenças e desejos, experimentamos alegria e dor. Como essas propriedades,

---

12. No entanto, é possível ser um dualista de substância sem endossar a última tese, como Lowe (1996), que achava que as mentes também possuíam propriedades físicas.

13. O que torna um evento ou uma propriedade mental ou física? É difícil responder a essa pergunta, porque nem todos os participantes do debate oferecem a mesma resposta. Duas características que são frequentemente usadas para descrever objetos mentais são a consciência (Descartes) e a intencionalidade (Brentano). Para uma caracterização aproximada usaremos a disjunção de ambas: *x* é uma propriedade/evento/estado mental, se envolve, essencialmente, a consciência ou a intencionalidade.

estados e ocorrências se relacionam com nossas propriedades e estados físicos e com os eventos físicos nos quais estamos envolvidos? Uma opção é que as propriedades mentais e físicas sejam idênticas, ou seja, que para cada propriedade mental exista uma propriedade física tal que instanciar a propriedade mental seja o mesmo que instanciar a propriedade física. Se isso for verdade, então a diferença entre propriedades mentais e físicas – e entre eventos e estados mentais e físicos – seria apenas aparente. E obviamente não haveria mais nenhum problema com a causalidade mental: se as propriedades mentais fossem idênticas às propriedades físicas, sua relevância causal seria explicada nos mesmos termos com os quais a relevância causal das propriedades físicas é explicada. Essa teoria é defendida dentro da estrutura do *materialismo reducionista*; no entanto, não é uma teoria à qual muitos filósofos contemporâneos ainda aderem. Argumentos influentes – como o argumento de realização múltipla de Hilary Putnam, segundo o qual as mesmas propriedades mentais podem ser realizadas por muitos sistemas físicos diferentes – convenceram muitos de que as propriedades mentais e físicas não são idênticas. Consequentemente, esses filósofos negam que haja uma identidade *tipo-tipo* entre estados físicos e mentais, de modo que estar em um estado mental M seria exatamente o mesmo que estar em um estado físico P. Uma vez que muitos desses filósofos ainda aderem a uma versão do *fisicalismo*, sua teoria é geralmente chamada de *fisicalismo não-reducionista*[14].

Se os estados/propriedades/eventos físicos e mentais não forem vistos como idênticos, no entanto, o problema da causalidade mental surge novamente. A esse respeito, uma das versões contemporâneas mais conhecidas foi formulada por Jaegwon Kim (1998, 30) em seu chamado Argumento de Exclusão. Os fisicalistas, diz Kim, devem

---

14. É claro que há também outras opções além de acreditar que as propriedades mentais e físicas são idênticas ou que são completamente separadas. Poderíamos pensar, por exemplo, que a mesma propriedade idêntica tem aspectos mentais e físicos; no entanto, deixaremos essas complicações de lado aqui.

presumir que exista alguma conexão entre as propriedades mentais e físicas, e pensar nessa conexão em termos de *superveniência* (*supervenience*). Há diferentes maneiras de definir a superveniência, mas a ideia central é que as propriedades do tipo *A* se sobrepõem às propriedades do tipo *B* se não houver nenhuma diferença nas propriedades do tipo-A de um objeto, estado ou evento, sem que haja diferença nas propriedades de tipo-B. Essa suposição é muito comum, por exemplo, na relação entre propriedades morais e não morais: é considerado certo que duas ações não podem diferir em seu valor moral, a menos que haja também alguma diferença não moral entre elas (essa diferença pode estar relacionada a suas propriedades *locais*, mas também a seu contexto ou história). Kim apresenta a teoria da superveniência (no caso da relação físico-mental) da seguinte forma:

> As propriedades mentais se sobrepõem às propriedades físicas, no sentido de que necessariamente duas coisas quaisquer (no mesmo mundo ou em mundos possíveis diferentes) indiscerníveis em todas as propriedades físicas são indiscerníveis em seus aspectos mentais (Ibid., 10, tradução nossa).

A instanciação de qualquer propriedade mental deve ter uma base na instanciação de alguma propriedade física (a chamada *supervenience base*). Embora a tese da superveniência não implique, por si só, que as propriedades físicas sejam mais fundamentais do que as mentais, entretanto, os fisicalistas que acreditam na tese da superveniência também aceitam com frequência que as propriedades físicas sejam mais fundamentais, e que é graças a elas que as propriedades mentais são instanciadas (e não o contrário).

Um pressuposto adicional importante do argumento de exclusão, é a tese do *fechamento causal* (*causal closure*) do domínio dos eventos físicos. Embora existam várias formulações dessa tese, a ideia central é que, para cada evento físico, podemos oferecer uma explicação causal completa em termos de causas físicas. As leis causais que regem o domínio das entidades físicas admitem que somente outros eventos físicos podem ser causas de eventos físicos. Kim argumenta que essa suposição de fechamento causal é outro princípio fundamental do fisicalismo que não pode ser descartado, nem mesmo por aqueles que aderem a uma forma mínima de fisicalismo.

> Se alguém rejeita este princípio, rejeita *ipso facto* [...] a possibilidade da completude da física, ou seja, a possibilidade de uma doutrina física completa e exaustiva de todos os fenômenos físicos [...]. Pode-se, certamente, presumir que nenhum fisicalista sério poderia aceitar tal perspectiva (KIM, 1988, 40, tradução nossa).

É evidente que essas suposições subjacentes criam grandes dificuldades com relação à possibilidade de causalidade mental. Concentrando-nos apenas na causalidade dos eventos mentais, começamos por perguntarmo-nos se dentro dessa estrutura eventos mentais podem ter efeitos físicos. A resposta é claramente não. Se interpretarmos o princípio do fechamento causal como excluindo causas não físicas para efeitos físicos, essa possibilidade é diretamente excluída. Porém, mesmo com uma formulação mais fraca (ou seja, permitindo, em princípio, também causas não físicas além de causas físicas), a causação dos efeitos físicos por causas mentais será muito problemática, porque, para o fechamento causal, os efeitos físicos ainda terão também causas físicas: que função restará, então, para as causas mentais? Para tornar a questão ainda mais complicada: quando o evento mental se apresenta como uma causa putativa de um evento físico, haverá um concorrente óbvio para seu papel causal, a saber, sua base de superveniência. Toda a influência causal que um evento mental pode ter, será necessariamente reduzida à influência dessa base física, ou assim parece.

O caso da interação causal entre eventos puramente mentais parece ser, pelo menos inicialmente, menos problemático, porque o princípio do fechamento não é relevante para ele. Entretanto, como argumentado por Kim, mesmo aqui surge um problema importante: quando um evento mental *A* causa outro evento mental *B*, *B* também terá – de acordo com o princípio da superveniência – uma base de superveniência B^*, e quando B substitui B^*, de acordo com Kim, é plausível pensar que B só possa ser causado pela ocorrência de B^*, ou seja, a ocorrência de sua base de superveniência. Contudo, uma vez que a ocorrência de B^* é um evento físico (!), se um evento mental A causasse B^*, isso seria um exemplo de causalidade que vai do mental para o físico. E, como a primeira parte do argumento, esse tipo de causalidade é excluído pelo princípio do fechamento causal. Se levarmos esse princípio a sério, não podemos, então, considerar A como a causa genuína de B^* (e, por extensão, do próprio B); a causa genuína será, em vez disso, a base de superveniência de A. De acordo com Kim, não se poderia nem mesmo dizer que o evento mental é uma causa intermediária entre sua base de superveniência e o efeito, porque a relação de superveniência não é uma relação causal. Assim, não temos sequer uma cadeia causal que vai da base de superveniência através de A e, consequentemente, a atribuição de qualquer papel causal de A seria puramente gratuita. (Além disso, isso o tornaria um caso de sobredeterminação, no qual o efeito teria duas histórias causais independentes que explicariam, ambas, totalmente sua ocorrência. Não é plausível pensar os estados mentais e suas bases de superveniência física, como desempenhando papéis causais independentes, que levariam a uma sobredeterminação causal.)

O argumento de Kim recebeu muitas críticas; isso não é surpreendente, porque, se aceito, prejudicaria significativamente nossa maneira *ordinária* de pensar sobre o mundo: não só minaria a causalidade mental (o que já seria, por si só, um resultado negativo), mas, como muitos filósofos (por exemplo, HUMPHREYS, 1997) observaram, isso prejudicaria praticamente todas as explicações causais comuns formuladas em termos de fenômenos macrofísicos que sucedem os microfísicos. Em nosso pensamento comum não consideramos falsas explicações causais como *O curto-circuito causou o início do incêndio*, mesmo que acreditemos que existam alguns fenômenos microfísicos básicos (dos quais, talvez, não tenhamos um entendimento completo) nos quais o curto-circuito e o incêndio ocorram. Contudo, se aceitarmos o argumento de Kim, tal argumento também se aplica às relações entre os eventos microfísicos, por um lado, e os fenômenos supervenientes, por outro, ou seja, o curto-circuito e a explosão. Consequentemente, devemos considerar os fenômenos microfísicos como as únicas *causas verdadeiras* do que acontece. Isso, por si só, parece ser uma conclusão muito difícil de aceitar, e nos oferece boas razões para rejeitar pelo menos uma das premissas que Kim usa em seu argumento (como fez, por exemplo, BAKER, 1993). A premissa geralmente vista como a mais problemática é a premissa do fechamento causal: por que deveríamos pensar que os efeitos físicos devem ter apenas causas físicas, ou que devem pelo menos ter uma história causal completa em termos de causas físicas? Podemos ter razões independentes para aceitar algumas formas de superveniência; mas o fechamento causal não é um princípio intuitivamente plausível, pois entra em conflito com muitas de nossas explicações causais comuns, nas quais explicamos os efeitos físicos recorrendo a causas macrofísicas e causas não físicas (como causas mentais). Ao ver como esta premissa, ao fim, acaba por nos levar a negar que qualquer fenômeno que não seja microfísico possa ser causalmente eficaz, é difícil conciliá-la com um *realismo científico* (pelo qual o próprio Kim é obviamente atraído; cf. o prefácio de KIM, 1998), segundo o qual os objetos de *todas* as ciências (naturais), e não apenas os da microfísica, são entidades reais. Outras ciências naturais, como a química orgânica, a biologia etc., em cuja validade todos nós acreditamos, também oferecem explicações causais, em que as causas citadas não são exclusivamente estados ou eventos microfísicos. Levar a sério as explicações dessas ciências é, portanto, incompatível com o princípio do fechamento causal – e, a partir disso, ao menos para um filósofo naturalista, deve-se concluir: tanto pior para o princípio do fechamento causal!

Há ainda outra consideração importante contra o princípio de fechamento causal que Kim propõe, a saber, mesmo quando nos concentramos em eventos causais, as causas devem ser *proporcionais* aos seus efeitos (por exemplo, YABLO, 1992)[15]. A ideia central da consideração de proporcionalidade é a seguinte: quando perguntamos, *O que causou x?*, o que queremos saber não é o fator causal mais específico possível, mas sim o que *fez a diferença*, e esse pode ser um fator especificado de forma relativamente genérica. Imaginemos, por exemplo, que estamos a usar uma camiseta vermelho-carmesim e que um touro se enfurece ao vê-la. O que provocou a raiva do touro? De certa forma, obviamente, devido à sua cor, a causa foi a camisa carmesim. No entanto, a camisa não era carmesim *simpliciter*, mas tinha um tom particular de carmesim, por exemplo carmesim-escuro. O fato de ser carmesim é superveniente ao fato de ter uma tonalidade particular (não poderia ter tido outra cor sem alguma alteração da sua tonalidade), e, num certo sentido, o fato de ser carmesim deve-se ao fato de possuir essa tonalidade. No entanto, seria claramente errado identificar a tonalidade específica de carmesim como o fator causal em resposta à questão de saber o que causou a fúria do touro, porque o touro ter-se-ia enfurecido independentemente do tom específico de carmesim da camisa, e o fato de ser carmesim, por si só, é tudo o que importa para a raiva do touro. Portanto, foi o fato de a camisa ser carmesim que *fez a diferença* para a fúria do touro, e não o fato de ter essa tonalidade específica. Isso mostra que, por vezes, é a propriedade superveniente que *faz a diferença* e que é corretamente identificada como causa, e não sua base de superveniência. Mesmo se assumirmos que cada instanciação de uma propriedade mental tenha uma base de superveniência física, pode ser ainda a instanciação da propriedade mental a fazer a diferença, em vez da instanciação dessa base. (Imagine, por exemplo, que uma propriedade mental pode ter várias bases de superveniência física: para a ocorrência do efeito, pode ser completamente irrelevante qual dessas diferentes bases é necessária no caso particular. O único fator relevante poderia, portanto, ser o fato de a

---

15. Pelo menos *normalmente*, observa Yablo (1992, 277), entre os candidatos à causa de um efeito, *o candidato mais proporcional deve ser preferido*.

propriedade mental ter sido instanciada, e não sua base específica; nesse caso, seria a propriedade mental, e não a propriedade básica, a ser a causa do efeito.)

Existem, portanto, diferentes maneiras de responder ao argumento de exclusão de Kim[16]. Essas opções tornam-se ainda mais importantes se adotarmos uma teoria da causalidade baseada em poderes, como discutimos na seção 4.3. Como vimos no capítulo 2, os poderes são, pelo menos parcialmente, identificados pelo que têm o poder de fazer (isto é, por suas manifestações características). Suponhamos ter um poder ativo para produzir um efeito físico no mundo, como, por exemplo, o movimento de um braço. Esse poderia, no entanto, ser um poder mental, ou envolver essencialmente características mentais, ou seja, consciência ou intencionalidade, se for o poder de fazer o braço mover-se quando desejado. No entanto, o efeito da manifestação desse poder é algo físico: o braço se move. Parece, pois, muito mais fácil para os poderes superar a suposta divisão entre o mental e o físico, invalidando assim a própria base, a partir da qual o problema da causalidade mental se desenvolveu. A adoção de uma explicação baseada em poderes, portanto, traz consigo a esperança de que a causalidade mental possa deixar de ser mais problemática em comparação com outras formas de causalidade. E, uma vez que a causalidade mental faz parte do nosso mundo, a capacidade de explicá-la é mais uma característica da teoria de poderes que a torna atrativa.

4.6. Conclusões

A causalidade desempenha um papel crucial em quase todas as tentativas de dar sentido à estrutura do mundo; no entanto, como vimos, não há acordo entre os filósofos sobre como a própria

---

16. Para as diferentes maneiras em que um modelo de causalidade baseado na realização de poderes pode alterar o contexto do argumento de Kim, cf. MAYR, 2011, cap. 9.

causalidade deva ser entendida. Examinamos aqui as principais alternativas do debate, tendo como referência suas origens no pensamento de Hume e Aristóteles. Vimos que uma explicação da causalidade baseada no realismo sobre os poderes possui os recursos para responder aos principais problemas com os quais a visão humiana deve ser confrontada. As vantagens de uma explicação do primeiro tipo também surgiram no debate sobre causalidade mental, em que uma referência aos poderes poderia nos permitir evitar o influente Argumento de Exclusão.

5
Determinismo e livre-arbítrio

5.1. Introdução

O problema do livre-arbítrio tem ocupado os filósofos pelo menos desde a Antiguidade tardia, embora a formulação com a qual é mais conhecido seja a que lhe foi dada no século XVII. O fato de esse problema ter sido tão proeminente na história da filosofia não deveria nos surpreender. O problema do livre-arbítrio é um quebra-cabeça teórico que parece mostrar que há profundas inconsistências entre nossas crenças mais firmes sobre o mundo. Além disso, esse problema parece pôr em causa a nossa compreensão de nós mesmos como agentes morais. A consciência que temos de nós mesmos e do modo como conduzimos as nossas vidas leva-nos a pensar que somos livres para escolher como nos comportamos como agentes do mundo – pelo menos dentro de certos limites – e o tipo de vida levamos. Tudo isso não só nos parece óbvio, mas é de grande importância e valor para nós. A consciência de que somos livres para agir e conduzir nossas vidas parece-nos fundamental, pois se não fôssemos livres não poderíamos nos sentir responsáveis pelos nossos atos, orgulhosos dos objetivos que alcançamos, nem culpados por nossos erros; sentir que merecemos elogios ou censuras e que somos os arquitetos de nossas próprias vidas, e não meros fantoches passivos à mercê de influências externas. No entanto, se por um lado, ser livre no nosso cotidiano nos pareça uma condição óbvia e fundamental, há questões cruciais que surgem se refletirmos sobre esses conceitos, sobre como se pode ser livre, e em que medida somos *nós* a determinar qual tipo de existência levamos. Possíveis perplexidades podem surgir de uma visão naturalista do mundo (por exemplo, da ideia de que as coisas que acontecem na natureza são determinadas por leis da natureza; ou da ideia de que são devidas ao puro acaso); ou, mais abstratamente, da dúvida de que a própria ideia de que somos genuinamente capazes de determinar nossas vidas não seja coerente; ou como resultado de descobertas neurológicas que parecem estabelecer que nossas decisões conscientes são, de fato, irrelevantes para nossas ações. Apresentamos aqui, para começar, algumas das versões mais conhecidas desses problemas.

a) *O problema clássico do livre-arbítrio e do determinismo*: o livre-arbítrio, para ser tal, exige a liberdade de poder agir de maneira diferente. No entanto, de acordo com uma teoria muito difundida na história da ciência e da filosofia moderna, o curso dos acontecimentos na natureza é estabelecido por leis deterministas que excluem todos os cursos possíveis, exceto um – e esse é o que efetivamente acontece. Se isso é verdade, de que outra forma poderíamos ter agido nas nossas vidas senão como agimos de fato?

b) *O paradoxo da autodeterminação*: o livre-arbítrio é tal que somos nós próprios a determinar o que fazemos e a escolher o modo como vivemos; e exclui que nossas ações sejam determinadas por fatores externos ou de causas antecedentes. Por outro lado, sempre que tomo uma decisão, faço-o baseado no que já sou, ou seja, com base em meus próprios desejos, preferências, valores etc. O que eu já sou, no momento de tomar uma decisão deve, por sua vez, ser devido a outra coisa, ou a mim mesmo: se devido a mim mesmo, ou às minhas decisões anteriores, o mesmo problema reaparece em um estágio posterior; se a algo distinto de mim mesmo, parece que as minhas decisões e ações são autodeterminadas apenas na aparência, mas na *realidade* são determinados por fatores externos a mim.

c) Os *experimentos de Libet*: segundo alguns filósofos e neurocientistas, um famoso experimento conduzido por Benjamin Libet, que tem estado no centro de uma conhecida controvérsia na última década, mostrou que, ao contrário do que geralmente se pensa, nossas decisões conscientes são, na verdade, meros epifenômenos dos quais *não* resultam nossas ações. As pessoas testadas durante esses experimentos foram solicitadas a comunicar *quando* se sentiam conscientes de sua decisão de realizar uma determinada ação (como, por exemplo, mover um dedo de uma determinada maneira) enquanto se media o seu chamado potencial de prontidão motora, um potencial neurofisiológico que se forma antes da ação, e que a gera. O resultado foi que o potencial de prontidão motora se manifestou antes mesmo de a pessoa testada ter consciência de que havia tomado a decisão de realizar a ação em questão. Isso demonstra, segundo Libet, que as decisões conscientes não produzem as ações e não colocam o agente na posição de iniciar a ação, mas, no máximo, oferecem a possibilidade de bloquear a ação, no momento em que a pessoa toma conhecimento de que essa está prestes a acontecer.

Neste capítulo, exploraremos algumas dessas questões, enquanto deixaremos de lado outras mais específicas, decorrentes de descobertas empíricas, como os experimentos de Libet. A concepção de livre-arbítrio em que nos concentraremos será a concepção tradicional, segundo a qual o livre-arbítrio é a capacidade de agir e decidir de forma diferente. Embora muitos filósofos considerem que essa caracterização do livre-arbítrio seja a que o senso comum e a tradição nos sugerem (VIHVELIN, 2013, 90), ela não é a única possível. Uma teoria alternativa e igualmente popular relaciona o livre-arbítrio mais diretamente com a responsabilidade moral. Discutiremos brevemente essa concepção alternativa na seção 5.4, embora ela não seja o centro de nossa atenção. Na seção 5.2, apresentaremos, sumariamente, a história das duas mais importantes e mutuamente opostas posições no âmbito do debate sobre o livre-arbítrio, nomeadamente, o compatibilismo e o incompatibilismo, e depois, na seção 5.3, examinaremos o argumento a favor do incompatibilismo mais acreditado e desenvolvido no século XX; consideraremos, em seguida, alguns contra-argumento apresentados pelos compatibilistas. Na seção 5.4 trataremos de um bem conhecido argumento, que tenta rejeitar a conexão entre livre-arbítrio (como a capacidade de agir de outra forma) e a responsabilidade moral. Finalmente na seção 5.5 veremos como o renascimento do interesse pela metafísica de poderes, sobre o qual falamos no capítulo 2, pode ter um impacto significativo no debate entre incompatibilismo e compatibilismo.

5.2. Uma breve história do compatibilismo e do incompatibilismo

O compatibilismo e o incompatibilismo se distinguem entre si no que se refere ao modo como abordam o problema do livre-arbítrio (no sentido da liberdade de agir de outra forma), e consideram-no (ou não) coerente com a pressuposto de que tudo o que acontece na natureza é totalmente determinado por acontecimentos anteriores e leis naturais. Já os filósofos medievais se perguntavam se a liberdade dos agentes humanos era compatível com a onipotência e onisciência de Deus. No entanto, o problema específico da compatibilidade da liberdade com o determinismo *físico* baseado nas leis da natureza, na forma que dominou o debate no século XX, só se tornou central para a filosofia moderna quando o conceito de leis deterministas da natureza começou a ser cada vez mais aceito. O primeiro grande debate filosófico sobre essa questão, conduzido de forma reconhecidamente moderna, teve lugar no século XVII e foi entre Thomas Hobbes e o Bispo Bramhall. É interessante notar que esse intercâmbio já continha, ao menos em *estado embrionário*, inúmeras considerações que mais tarde se tornariam padrão na disputa entre compatibilistas e incompatibilistas durante os três séculos e meio seguintes.

Embora Hobbes não acreditasse que a vontade em si é que é livre, mas apenas a pessoa que age, mesmo assim ofereceu uma das primeiras formulações do compatibilismo moderno, argumentando que a liberdade nada mais é do que a ausência de restrições externas. Entendida desta forma, a liberdade é atribuível não exclusivamente aos seres humanos, mas também a certas substâncias inanimadas, como, por exemplo, a água de um rio que corre a jusante seguindo o seu curso natural sem impedimentos ou obstáculos. Com referência aos seres humanos, no entanto, Hobbes pensava que a liberdade poderia ser identificada com a dependência de nossas ações pela nossa vontade, isto é, em certo sentido, no pôr em ação o nosso querer e no agir como se deseja, como escreve em *Leviatã*: "Um Homem-Livre é aquele que, nas coisas que tem vontade de fazer pelas suas próprias forças e intelecto, não é impedido de fazer o que quer" (1991, 146, tradução nossa). Esse tipo de liberdade não está em desacordo com o determinismo universal ou com a necessidade que Hobbes pensava governar o mundo; de acordo com Hobbes, o fato de que minha vontade possa ser influenciada de forma determinista por eventos que precedem minha vontade, de forma alguma enfraquece minha liberdade, que é entendida apenas como dizendo respeito à relação entre a vontade e a ação. Uma tal definição de liberdade deixa completamente de lado a questão de como é formada minha vontade. Embora esse tipo de liberdade seja compatível com o determinismo, de acordo com os incompatibilistas, ainda não é robusta o suficiente, e se mostra muito efêmera. Como Kant escreveu sobre a teoria compatibilista, ela parece semelhante à liberdade de um espeto que *pode* girar conforme o modo que é manipulado por alguém; mas isso não torna o espeto livre, no sentido em que normalmente entendemos a palavra. A liberdade do espeto não é, portanto, o tipo de liberdade que pensamos que nos caracteriza como seres humanos e dá importância aos nossos sentimentos de (por exemplo) vergonha, desolação, responsabilidade, orgulho etc.

Convincente ou não, a proposta de Hobbes foi a primeira importante tentativa nos tempos modernos de oferecer uma teoria da liberdade compatível com a hipótese do determinismo causal universal. Tentativas desse tipo tornaram-se cada vez mais frequentes, quanto mais plausível se tornava, no final dos séculos XVII e XVIII, a hipótese da existência de leis físicas deterministas (como as leis de Newton). Isso porque a aceitação da ideia de leis deterministas universais parecia tornar nossa liberdade necessariamente ilusória no sentido da possibilidade de agir de outro modo, se por *agir de outra forma* se entendesse que o agente poderia ter agido de forma diferente *sob as exatas mesmas circunstâncias*. Por conseguinte, permaneceu aberta, nesse momento, somente a escolha entre concluir que não podemos ser livres, ou, de modo contrário, que nossa liberdade é diferente da chamada *liberdade de indiferença* – como David Hume a chamou – que incluiria uma falta de determinação causal na decisão e ação da pessoa. (O próprio Hume pensava que a liberdade fosse apenas a *liberdade da espontaneidade*, como a ausência de coerção externa.)

Uma forma de combinar a liberdade com determinismo, popularizada entre os compatibilistas pelo trabalho de George Edward Moore, no início do século XX, baseia-se em uma análise condicional da capacidade de fazer o contrário (cf. MOORE, 1912, cap. 6). De acordo com esta análise, a declaração:

(1) Eu poderia ter feito de outra forma

não é verdade no sentido de que realmente teria sido possível para mim agir de maneira diferente *em circunstâncias idênticas* àquelas em que me encontrei, mas é, em vez disso, um atalho para

(2) Eu teria feito de outra forma se quisesse/preferisse/decidisse fazer de outra forma

Esta proposta de interpretar afirmações como (1) não é uma proposta completamente *ad hoc*. Muitas declarações do tipo *A poderia ter feito X* – isto é, muitas afirmações que não dizem respeito à questão do livre-arbítrio – podem plausivelmente ser interpretadas dessa maneira. Por exemplo, a expressão *você poderia ter ido para a Sicília de férias*, dirigida a uma pessoa que foi para a Sardenha, pode significar plausivelmente: *se você tivesse decidido ir para a Sicília, teria ido para lá*. Ao mesmo tempo, a interpretação da liberdade de agir ocasionalmente de outro modo torna a própria liberdade compatível com o determinismo porque

(2) Eu teria feito de outra forma se quisesse/preferisse/decidisse fazer de outra forma

é compatível com

(3) Foi determinado por fatores causais anteriores que eu agi como, de fato, agi

Porque (2) é compatível com

(4) Foi determinado por fatores causais precedentes o que eu teria gostado/preferido/decidido fazer

Pode ser precisamente essa influência de fatores causais sobre minhas preferências e decisões a determinar o que eu faria em seguida. Assim, desde que a cadeia causal determinista se desenvolva por meio de minhas decisões e preferências, então (2) é compatível com o determinismo.

As análises condicionais têm sido objeto de debate, assim como a adequação de (2) para explicar (1). Utilizando um paralelo surpreendentemente semelhante àquele relativo à compatibilidade de (2) e ao determinismo que acabamos de considerar, Keith Lehrer (1968, 29 ss.) sustentou que (2) até parece compatível com a falsidade de (1). Por esta razão (2) não pode ser, então, uma análise adequada de (1) sendo compatível com

(5) Eu não poderia ter desejado/preferido/decidido outra coisa senão o que fiz

e

(6) Se eu não pudesse querer/preferir/decidir diferente do que fiz, não poderia ter feito de outra forma

que, juntos, conduzem à negação de (1). No entanto, esses problemas relativos à análise condicional levaram muito tempo para mudar, de forma decisiva, o rumo do debate. Isso porque, por muito tempo, os compatibilistas não conseguiram encontrar nenhuma alternativa viável para uma teoria condicional da liberdade – restava, então, apenas a esperança de que essas mesmas análises pudessem funcionar se melhoradas de uma forma ou de outra.

Apesar de sua inadequação, as análises condicionais deram aos compatibilistas uma vantagem significativa sobre os incompatibilistas no debate sobre o livre-arbítrio no início da filosofia analítica, e essa vantagem persistiu mesmo durante parte da segunda metade do século XX. Além disso, a suspeita generalizada de que os defensores do incompatibilismo se confiassem a outras teorias metafísicas misteriosas, e a acusação de que deixavam o agente em condições piores (em termos de autodeterminação) do que um cenário totalmente determinista, não ajudou a causa do incompatibilismo. De fato, se partimos do princípio de que cada evento natural é determinado ou por fatores causais prévios ou que é simplesmente uma questão de acaso argumentar que ações e decisões livres não são determinadas causalmente faria delas uma questão de puro acaso. E o acaso não parece ser melhor opção (a favor da autodeterminação) comparado ao determinismo, pois se algo é devido ao puro acaso não está mais sob *meu* controle e não pode ser atribuído a mim como algo meu, mais do que já não fosse, se determinado por fatores externos. Esse problema é chamado de Objeção à Sorte (*luck objection*) contra o incompatibilismo. Para fazer da liberdade algo mais do que pura sorte ou simples ausência de determinismo, os incompatibilistas deveriam ter dado mais explicações sobre o significado de liberdade; mas muitos filósofos de meados do século XX pensaram que isso teria levado a supor alguma influência misteriosa contra-causal do agente, inaceitável dentro de um contexto naturalista.

O domínio dos compatibilistas só começou a declinar nas décadas de 1980 e 1990, quando os incompatibilistas propuseram novos modelos teóricos para entender como podemos ser livres e quando novos argumentos mais persuasivos contra a compatibilidade de liberdade e determinismo foram introduzidos. Entre as novas propostas feitas pelos incompatibilistas, foram particularmente importantes a introdução da ideia do *agente causal* e aquela da causação indeterminista dos atos livres, enquanto entre os novos argumentos contra o compatibilismo o mais influente e conhecido é o chamado Argumento da Consequência (*consequence argument*) de Peter van Inwagen.

5.3. O Argumento da Consequência

O Argumento da Consequência teve uma influência considerável no curso do debate na década de 1980 (cf. VAN INWAGEN, 1983). Um ponto forte específico desse argumento era que ele não parecia ter que confiar em noções de determinismo ou de liberdade que teriam sido muito exigentes ou controversas para chegar à conclusão de que liberdade e determinismo eram incompatíveis. Pelo contrário, parecia usar apenas as premissas já aceitas pela grande maioria dos filósofos de ambos os lados. De acordo com Van Inwagen, o determinismo é caracterizado pela ideia de que uma descrição completa do mundo, em um determinado momento no tempo t, implica, juntamente com as leis da natureza, a descrição completa do mundo em qualquer ponto futuro t^1. De acordo com Van Inwagen, basta essa ideia, que parece ser uma caracterização muito natural e mínima do determinismo, para excluir a possibilidade de que eu possa (ou tivesse podido) agir de maneira alternativa à forma como realmente ajo (ou agi). Tomemos como exemplo minha ação de tomar um gole de café, acontecida há alguns segundos. Se eu tivesse sido capaz de fazer o contrário, deveria ter sido capaz de tornar falsa a proposição *X tomou um gole de café em t^1*. No entanto, se o determinismo universal é verdadeiro, eu teria sido capaz de tornar essa proposição falsa? Van Inwagen acredita que não, porque:

> Se o determinismo é verdadeiro, então nossas ações serão consequências das leis da natureza e de eventos no passado distante. No entanto, o que aconteceu antes de nascermos não depende de nós, nem as leis da natureza dependem de nós. E, portanto, as consequências de tais coisas (incluindo nossas ações presentes) também não dependem de nós (VAN INWAGEN, 2003, 39).

Consideremos esse assunto com mais detalhes. De acordo com o determinismo,

(7) para qualquer tempo t, t^1 (com t^1 entendido como um tempo posterior a t), uma descrição completa do mundo em t junto com a proposição que expressa as leis da natureza L, implica uma descrição completa do mundo em t^1.

Tomemos agora um tempo t que remonta a antes do meu nascimento e a proposição *X tomou um gole de café em t^1* (com t^1 entendido como o tempo de alguns minutos atrás). Se (7) for verdadeira, então esta última proposição está implícita na descrição completa do mundo em t juntamente com L. Consequentemente, de acordo com Van Inwagen, eu teria sido capaz de tornar falsa aquela proposição apenas se tivesse sido capaz de tornar falsa uma das duas proposições que a implicam: ou a descrição do mundo em t, ou aquela que expressa L. No entanto, nenhuma dessas duas opções parece plausível. Para tornar falsa uma proposição afirmando as leis da natureza, eu teria que ser capaz de quebrar essas leis ou de operar um milagre e, pelo menos para os seres humanos comuns, parece absurdo considerar essa possibilidade. Por outro lado, a possibilidade de que eu possa tornar falsa a descrição do estado do mundo em t parece igualmente impraticável, uma vez que, por hipótese, t se refere a um tempo antes do meu nascimento. Isso deixa claro que, nem enquanto tomava café recentemente nem em *qualquer* outro momento da minha vida, eu poderia ter feito algo sobre o estado do mundo *de então* e, assim, influenciar o que aconteceu antes do meu nascimento. Os eventos ocorridos em *t* foram fixados para mim para sempre, e a proposição que descreve sua ocorrência *teve* seu valor de verdade fixado definitivamente antes que eu nascesse.

Então se é verdade que

(8) Eu poderia (em um momento no tempo) tornar falsa a proposição *X tomou um gole de café em t^1* somente se pudesse (em um momento no tempo) tornar falsa pelo menos uma das duas proposições que juntas implicam esta proposição

Então, parece que Van Inwagen tem razão, e que o determinismo exclui a minha capacidade de agir de maneira diferente, porque nem a descrição do estado precedente do mundo nem a declaração das leis da natureza podem, ou jamais puderam, ser falsificadas por mim.

Como já notado anteriormente, a força persuasiva do argumento de Van Inwagen consiste em grande parte no fato de que suas premissas e as noções usadas foram amplamente aceitas na comunidade filosófica. No entanto, diversos compatibilistas observaram criticamente que essa vantagem era apenas aparente. Em particular, David Lewis argumentou que a noção de *falsificação* usada no argumento de Van Inwagen permanece significativamente ambígua, e deixa em aberto a possibilidade de poder tornar falsa a afirmação das leis da natureza (e mesmo a descrição do passado). De acordo com Lewis, deveríamos, de fato, distinguir entre um sentido *forte* e um sentido *fraco* de *eu poderia ter tornado p falso*. De acordo com o sentido forte, o tornar *p* falso requer a realização de um ato tal que *p* se torne falso pelo próprio ato ou por sua consequência causal *e*. De acordo com o sentido fraco, no entanto, é necessário apenas que eu seja capaz de fazer algo de modo que esse ato implique que *p* seja falsificado (mas não necessariamente por meio desse ato em si ou de suas consequências causais) (LEWIS, 2003, 127). Como exemplo, posso (ou poderia em qualquer momento) tornar falsa a proposição *Pompéia foi destruída pelo Vesúvio em 79 d.C.*? No sentido forte de falsificação, certamente não, porque nenhum ato que eu posso ou pudesse realizar poderia ou teria podido evitar a erupção do Vesúvio em 79 d.C., ou proteger Pompeia das consequências da erupção. No entanto, no sentido fraco de falsificação, eu poderia fazer algo que teria falsificado esta proposição: se esta manhã eu tivesse caminhado pelas ruas de uma Pompéia intacta, com todas as casas romanas de 75 d.C. ainda de pé, eu teria falsificado a proposição em questão, pois não poderia fazer esta caminhada por uma Pompéia intacta a menos que a proposição *Pompéia foi destruída pela erupção do Vesúvio em 79 d.C.* não tivesse sido falsa. Usando essa distinção entre sentido forte e sentido fraco, Lewis argumenta que é claramente impossível falsificar as leis da natureza, se falsificação for entendida no primeiro sentido. No entanto, falsificá-las no segundo sentido não exigiria nenhum poder milagroso da minha parte, pois o processo que quebra as leis da natureza poderia ser realizado já antes de eu agir. Portanto, é necessário apenas "que a minha ação seja precedida por outro acontecimento – o milagre da divergência – que torne a lei falsa" (Ibid.). (Assim como se poderia dizer que eu não precisaria de nenhuma habilidade excepcional para poder andar pelas ruas de uma Pompéia intacta.)

Mas precisamos examinar se a distinção de Lewis realmente ajuda os compatibilistas a formular uma resposta persuasiva ao Argumento da Consequência, de Van Inwagen. Alguém pode pensar que não, pois mesmo que, como Lewis acredita, falsificar (em um sentido fraco) uma proposição sobre minhas ações não exigisse que eu possuísse poderes milagrosos, no entanto, *algum* evento milagroso que quebre as leis da natureza ainda parece ser necessário para que eu possa tornar falsa a proposição de que *X tomou um gole de café em t^1*. Infringir leis é uma questão problemática em si mesma, independentemente de *quem* e *o que quer que* sejam responsáveis por tais infrações. Para aqueles que pensam dessa maneira, será útil considerar o assunto de forma diferente: ao invés de em termos da questão de saber se as leis da natureza podem ser falsificadas, em termos da questão de saber se posso falsificar a outra das duas premissas que por hipótese implicam conjuntamente a verdade da proposição *X tomou um gole de café em t¹*. Considere-se a proposição *O estado do mundo no tempo t era assim e assim*. Parece muito mais fácil imaginar um estado do mundo em *t* diferente do que realmente era, e do qual poderia ter resultado uma ação diferente daquela que foi realizada. (Da mesma forma é fácil imaginar, e não precisamos pensar em um milagre para isso, que o Vesúvio não explodiu, ou que a lava saindo do vulcão tomou uma direção diferente sem ir para Pompéia.) Lewis pode admitir que (milagres à parte) se o determinismo é verdadeiro, eu só poderia ter agido de maneira diferente se o passado remoto (e talvez o estado inicial do mundo) tivesse sido diferente. Contudo, se eu pudesse ter feito diferente, isso também significaria que eu poderia falsificar o passado remoto (pelo menos no sentido fraco pretendido por Lewis), porque eu poderia ter feito algo que garantiria que o estado passado do mundo seria diferente de como foi na realidade. (Suponhamos, por exemplo, que eu tivesse feito algo diferente de tomar um gole de café alguns minutos atrás, apenas se um vulcão tivesse entrado em erupção um ano antes de eu nascer; o que na verdade não aconteceu. Então, se eu tomasse chá em vez de café, teria sido inferido que o passado teria sido diferente do que realmente foi, em referência à erupção do vulcão. Assim, em um sentido fraco, a minha ação teria mudado o passado – mas em um sentido que não requer nenhum poder mágico de minha parte.) Portanto, não é tão absurdo quanto pode parecer à primeira vista supor que agentes humanos sejam capazes de tornar falso o passado remoto; ao aceitar a tese de Lewis de que há um sentido fraco de falsificação, os compatibilistas poderiam, então, ser capazes de refutar uma premissa fundamental do argumento de Van Inwagen.

No entanto, esta não foi a única premissa do argumento de Van Inwagen a ser criticada; também a premissa (8) é menos óbvia do que parece. A plausibilidade de (8) repousa na ideia de que se *x* é inevitável para mim, e se *x* implica algo mais, *y*, então também *y* deve ser inevitável para mim. Não podendo, portanto, fazer nada em relação a x, é claro que também não posso fazer nada a respeito da relação de implicação existente entre x e y, porque essa implicação depende exclusivamente da lógica. Essa ideia é muito intuitiva – mas é válida como verdade geral?

Que não seja tão óbvio quanto parecia à primeira vista, torna-se evidente quando consideramos princípios muito semelhantes a (8) que se baseiam na mesma ideia fundamental, por exemplo:

(9) se a verdade de x não depende de mim e se x então necessariamente y, então a verdade de y também não depende de mim

(Dado que princípios como (9) *transferem* a necessidade ou o estado modal da premissa do antecedente para o consequente do condicional, eles são frequentemente chamados de *princípios de transferência*.) Embora (9) pareça muito plausível, não é geralmente válido. Isso ficará mais claro se considerarmos os casos em que y é um *antecedente* temporal ou causal de x, e não o contrário. Suponhamos que x seja *estou vivo às 17h* e y, *não cometo suicídio às 15h*. É verdade que x implica y: se estou vivo às 17h, não posso ter cometido suicídio duas horas antes. Não posso intervir nesta conexão de forma alguma. Pode-se também imaginar que *não* depende de mim se estou vivo às 17h – porque, cometendo ou não suicídio às 15h, um assassino ainda poderia me matar uma hora depois e, portanto, o que quer que eu faça, não estarei vivo às 17h. No entanto, isso não significa que não cabe a mim tirar minha própria vida às 15h, porque isso ainda depende da minha vontade. E depende de mim, embora não dependa de mim se estou vivo às 17h, e que não poder evitar o fato de estar vivo às 17h implica que não cometi suicídio às 15h. Ainda que (9) e (8) sejam princípios diferentes e, consequentemente, este caso não forneça um contraexemplo a (8), isso mostra que o princípio de transferência usado por Van Inwagen é menos óbvio do que parece, e que sua validade não está tão fora de dúvida quanto podia parecer inicialmente. No entanto, o argumento de Van Inwagen contribuiu notavelmente para enfraquecer a prevalência das teses compatibilistas nas décadas de 1980 e 1990. A maioria dos compatibilistas não se deixou convencer pelo argumento de Van Inwagen, mas todos o viram como um importante desafio a ser respondido para poder manter suas posições.

Como já observado anteriormente, um segundo fator que contribuiu ainda mais para o ressurgimento do incompatibilismo foi que seus proponentes começaram a considerar seriamente a Objeção à Sorte, e tentaram demonstrar como uma ação ou decisão que não tem uma causa determinística não é, portanto, necessariamente atribuível ao puro acaso. Consideremos brevemente duas das respostas que foram dadas a essa objeção.

Incompatibilistas como Robert Kane argumentaram que o incompatibilismo não exclui que um evento seja causado por eventos que o precedem; mas apenas que seja causado de forma determinística por esses eventos (cf. KANE, 1996). Desde que a decisão e a ação do agente sejam causadas de modo indeterminista, nada exclui a real possibilidade de que o agente possa agir de maneira diferente. A causação indeterminista, como observa Kane, é uma forma de causação amplamente aceita na metafísica, mesmo porque os processos microfísicos na mecânica quântica são – de acordo com muitos – não governados por leis determinísticas, mas *apenas* por distribuições probabilísticas. Aplicando tal explicação da causação indeterminista ao caso das ações livres, Kane argumenta que ela fornece o tão desejado *meio termo* entre o puro acaso, que exclui o controle dos agentes, e o determinismo, que exclui a possibilidade de escolhas alternativas. Desta forma, a causação indeterminista daria aos incompatibilistas exatamente o que eles querem.

No entanto, outros incompatibilistas expressaram algumas dúvidas em relação à proposta de Kane e suas premissas: mesmo quando minhas decisões são causadas apenas de forma indeterminista por eventos que as precedem, não parece que seja *eu* a controlar minhas decisões. E se não sou *eu* no controle desse curso de ação que ocorre entre outros possíveis, ainda é *puro acaso* (do meu ponto de vista) que esse curso particular de ação se realize (cf. por exemplo, O'CONNOR, 2000, cap. 2).

Para garantir que foi *o próprio agente* quem determinou o rumo dos acontecimentos, alguns teóricos passaram a defender a ideia de que uma determinada ação pode ser atribuída a um agente como uma ação livre apenas se for o próprio agente, *enquanto substância*, quem causa suas próprias ações, decisões ou movimentos do corpo (*agent causation*) (cf. por exemplo, CHISHOLM, 1964; O'CONNOR, 2000). Se um agente produz um efeito como agente e substância, essa influência causal deve ser distinguida da influência causal dos estados e eventos internos ao agente (ou seja, quando dizemos que o agente produz um efeito, queremos dizer algo diferente de que o efeito é causado por estados e eventos internos como os seus desejos ou intenções). Em geral, esse tipo de causação é considerado não redutível à causação dos estados e eventos. É precisamente essa irredutibilidade que torna a causalidade-por-parte-do-agente (*agent causation*) uma alternativa tão atraente para os incompatibilistas. Se uma determinada decisão fosse causada de forma determinística por eventos que a precederam, isso descartaria possibilidades alternativas; se, ao contrário, fosse causada por esses eventos de maneira indeterminista, a Objeção à Sorte ressurgiria. Embora a validade da alternativa oferecida pela teoria da causalidade-por-parte-do-agente não seja universalmente aceita, tais ideias receberam apoio considerável do desenvolvimento de um novo realismo sobre poderes e modelos aristotélicos de causação aristotélicos dos quais falamos anteriormente (capítulos 2 e 4).

5.4. Responsabilidade moral e livre-arbítrio

Uma das principais razões para o nosso interesse no livre-arbítrio é a sua relação hipotética com a responsabilidade moral. Queremos entender se possuímos a liberdade de agir porque essa liberdade (exercida na capacidade de escolher e agir de maneira diferente) parece ser um pré-requisito necessário ao ser genuinamente responsável por nossas ações, e merecer elogios ou censuras. Como poderíamos ser totalmente responsáveis se não houvesse para nós alternativas viáveis para escolhermos? Como se poderia elogiar ou culpar alguém pelo que fez, se essa fosse a única coisa que *poderia* ter feito, e o único curso de ação possível? A suposição de que sem a capacidade de agir de maneira diferente não possamos ser responsáveis por nossas ações parece muito plausível se apenas pensarmos em tantos casos da vida cotidiana. Suponhamos que eu me encontre sentado na praia e veja um homem prestes a se afogar no mar; mas não me levante e permaneça sentado aí até que aquele homem se afogue. Se eu não podia fazer nada além de estar sentado (porque, por exemplo, estava amarrado à minha cadeira, ou não sabia nadar e não havia mais ninguém a quem eu poderia pedir ajuda), não posso ser culpado por deixar aquele homem se afogar. Da mesma forma, se estou dirigindo um carro que bate em um grupo de pessoas na calçada, não posso ser responsabilizado se causo danos a elas se o volante e os freios estiverem travados e não conseguir parar ou mudar de direção. O acidente, diríamos, é algo que eu não poderia evitar e, portanto, seria errado atribuir a mim a culpa. Mesmo quando a impossibilidade de fazer o contrário não se deve a circunstâncias externas ou à minha incapacidade física, mas apenas a mim e aos meus desejos e caráter, usamos, às vezes, a desculpa do *eu não poderia ter feito de outra forma*. De fato, pensamos que um cleptomaníaco é dominado por um desejo tão forte de roubar que não pode deixar de roubar e, neste caso, não atribuímos a ele responsabilidade pelo que faz. Generalizando, a partir desses casos, o seguinte Princípio das Possibilidades Alternativas (abreviado como PAP, do inglês *Principle of Alternative Possibilities*) parece, de acordo com muitos filósofos, altamente plausível:

(PAP) Um agente é moralmente responsável por uma ação x apenas se ele pudesse ter agido de outra forma (por exemplo, não fazendo x).

No entanto, o PAP carece de maior elaboração, tanto para abranger os casos de omissão, quanto para esclarecer *que tipo* de opções alternativas àquela que o agente realmente escolheu podem satisfazer esse princípio. De fato, nem todas as alternativas são válidas, pois para tal devem ser suficientemente robustas e diferentes da ação que o agente realmente executou. (Por exemplo, que um cleptomaníaco pudesse ter roubado uma cópia diferente do mesmo livro não satisfaria o PAP; ao passo que se o cleptomaníaco tivesse podido sair da livraria sem roubar nada, seria uma alternativa suficiente.) Mas, deixando essas considerações de lado, o PAP parece ser, pelo menos em sua essência, intuitivamente plausível e, como tal, foi um princípio que permaneceu quase completamente incontestado no debate sobre o livre-arbítrio no século XX até a década de 1960.

No entanto, devemos nos perguntar: o PAP é realmente um princípio bem fundamentado? Um motivo de dúvida advém de certos casos de ações moralmente boas e recomendáveis em que o *agente só pode fazer o bem* (cf., por exemplo, WOLF, 1990). Pensemos em Madre Teresa de Calcutá, que era tão boa que não podia deixar de ajudar os famintos dos bairros pobres que a procuravam em busca de ajuda. Dada a sua personalidade, Madre Teresa não pode decidir não ajudar os outros – esta não é uma opção para ela. Mas pode-se deixar de elogiá-la e reconhecê-la pelo que faz? Não seria um tanto injusto se Madre Teresa de Calcutá deixasse de merecer nossos elogios só porque ela é *demasiado* boa? Embora casos como este, de *santos morais*, questionem se o PAP pode representar um princípio válido para *todos* os casos de responsabilidade moral, pelo menos não o enfraqueçam em seu domínio mais natural de aplicação e onde é mais atraente do ponto de vista intuitivo, isto é, no campo da ofensa moral. Todos os casos específicos que mencionamos anteriormente para motivar o PAP envolvem exemplos em que o agente fez algo errado e evita reprovação moral porque não poderia ter feito de outra forma. Se, portanto, excluirmos os casos de elogio moral e ações moralmente corretas, poderíamos aceitar o PAP como válido pelo menos na área de ofensa moral? Mesmo esta afirmação, embora mais modesta do que aquela que afirma a validade dos PAP em geral, não deixa dúvidas e pode ser questionada. Isso se deve, em parte, a um famoso contraexemplo que Harry Frankfurt introduziu no debate com seu artigo *Alternate possibilities and moral responsibility*, de 1969. Os casos de Frankfurt sugerem que os agentes podem ser responsabilizados moralmente no fazer X mesmo quando não podem fazer o contrário. Esses casos mudaram consideravelmente o curso do debate sobre o livre-arbítrio, não apenas porque sugeriram que um princípio altamente intuitivo como o PAP poderia ser falso, mas também porque levaram muitos a repensar a relação entre livre-arbítrio e responsabilidade moral em geral.

A característica distintiva dos exemplos de Frankfurt é que, pela forma como esses casos foram estruturados, os fatores que impossibilitam o agente de agir diversamente do modo como realmente agiu não contribuem em nada para a ação que de fato ocorre. Em um exemplo bem conhecido, envolvendo o neurocientista Black e sua *vítima* Jones, Black deseja fortemente que Jones atire no presidente dos Estados Unidos. Black, que é um neurocientista muito experiente, conseguiu manipular o cérebro de Jones inserindo um mecanismo capaz de registrar se Jones decidiu ou não atirar no presidente antes dessa mesma decisão, sendo capaz também de modificar os processos cerebrais de Jones no caso em que não decida fazê-lo, para garantir que mesmo assim atire no presidente. Ainda que Black queira ter certeza de que Jones atire de qualquer modo, Black preferiria que Jones agisse por sua própria vontade. Consequentemente, o mecanismo dentro do cérebro de Jones entra em ação para fazer com que Jones atire no presidente apenas se registrar que o próprio Jones *não* decidiu atirar. Se, por outro lado, registrar que Jones decide, por conta própria, atirar no presidente, o mecanismo permanece inativo. Imaginemos agora que Jones decida por iniciativa própria atirar no presidente. Dado o mecanismo implantado em seu cérebro, seria impossível que ele fizesse de outra maneira, porque qualquer decisão que o mecanismo tomasse o levaria de qualquer modo a atirar. Apesar dessa ausência de possibilidades alternativas, de acordo com Frankfurt, Jones permanece moralmente responsável quando decide por sua própria iniciativa, uma vez que o mecanismo de Black nesse caso não desempenha um papel real em sua decisão e ação subsequente: "Tudo aconteceu exatamente como teria acontecido sem a presença de Black e sem sua vontade de se intrometer na situação" (FRANKFURT, 1969, 173). Se isso estiver correto, então o PAP é insustentável mesmo nos casos de ofensa moral, porque parece justo atribuir a Jones a responsabilidade moral por atirar no presidente, embora Jones não pudesse fazer nada além de matar o presidente. Consequentemente, Frankfurt sugere que a ausência de possibilidades alternativas não pode, por si só, excluir a responsabilidade moral. A responsabilidade só é excluída se, além disso, o agente fez o que fez *apenas porque* não podia fazer de outra forma. Esta condição adicional não é satisfeita no caso de Black e Jones.

Se válida, a crítica trazida por Frankfurt ao PAP requer um repensar fundamental dos argumentos tradicionais para a incompatibilidade da responsabilidade e o determinismo universal (uma vez que esses argumentos geralmente se baseiam no PAP ou em princípios muito semelhantes). Além disso, requer um repensar da relação entre livre-arbítrio e responsabilidade, e da natureza do primeiro. Antes de Frankfurt, a aceitação do PAP como válido permitia aos teóricos do livre-arbítrio tratar a capacidade de agir de outra forma e a responsabilidade moral como um todo. Em vez disso, se o PAP for falso, temos que decidir: 1) se devemos considerar livre-arbítrio e responsabilidade moral separadamente, entendendo o livre-arbítrio apenas como a capacidade de agir de maneira diferente, e a responsabilidade moral como algo completamente diferente, ou; 2) se devemos distinguir o livre-arbítrio da capacidade de fazer de outro modo, mantendo-o, ao mesmo tempo, intrinsecamente conectado à responsabilidade moral. No primeiro caso, a questão do compatibilismo e incompatibilismo se apresenta como uma questão separada para os dois distintos fenômenos do livre-arbítrio e da responsabilidade moral. Tal separação é encontrada, por exemplo, na teoria de Martin Fischer e Mark Ravizza, que desenvolveram uma posição de *semicompatibilismo*, que nega que o livre-arbítrio seja compatível com o determinismo universal, mas aceita que a responsabilidade moral seja. No entanto, somos forçados a escolher, dessa forma, entre as opções (1) e (2) apenas se os casos de Frankfurt forem convincentes e puderem realmente enfraquecer o PAP. Devemos, portanto, considerar abaixo como os incompatibilistas responderam a esses casos.

Muitos deles responderam imediatamente que Frankfurt foi muito precipitado em dizer que Jones não poderia ter feito de outra forma. Embora seja verdade que Jones não poderia ter evitado matar o presidente, devido ao mecanismo de Black, Jones ainda poderia ter evitado matar o presidente por sua própria iniciativa, ou que o assassinato do presidente foi resultado de sua livre escolha (cf., por exemplo, O'CONNOR, 2000, 19). De fato, se Jones não tivesse decidido matar o presidente por sua própria iniciativa, o mecanismo de Black teria entrado em ação, excluindo assim uma decisão livre da parte de Jones e, no cenário alternativo que teria resultado, Jones não teria matado o presidente por sua própria escolha, mas apenas como uma marionete nas mãos de Black. Então Jones poderia ter evitado o curso específico dos eventos que realmente aconteceram, mesmo no exemplo de Frankfurt – por que então pensar que a presença dessa alternativa não seja suficiente para Jones ter sido capaz de agir de outra forma?

As opiniões sobre este ponto são divergentes. Compatibilistas como Martin Fischer rebateram esse argumento de que alternativas como as de matar-o-presidente-como-uma- marionete-nas-mãos-de-Black não são suficientemente fortes para justificar a atribuição de responsabilidade a Jones pelo que ele fez. Em particular, como Fischer argumenta, as alternativas que Jones têm disponíveis não são fortes o suficiente porque Jones não agiria, de qualquer maneira, *de forma livre nesses casos*. Como julgamos se uma alternativa é suficientemente forte para justificar a atribuição de responsabilidade moral ao agente? Para responder a essa pergunta será útil tentar entender *exatamente pelo que* Jones deve ser responsabilizado nos casos de Frankfurt. Segundo Frankfurt, ele é o responsável por *ter atirado no presidente*; se isso é correto, então parece que o PAP está sendo refutado, porque Jones não pôde evitar atirar no presidente. Alternativamente, Jones pode não ser responsável por ter atirado no presidente – já que ele não podia evitar – mas por outra coisa, como, por exemplo, decidir atirar nele porque o odeia. Essa última alternativa, entretanto, é algo que Jones *poderia* ter evitado, porque se o mecanismo de Black o tivesse forçado a atirar no presidente, Jones não teria decidido atirar nele por ódio. Portanto, o caso de Frankfurt contra o PAP depende da questão de saber se Frankfurt tem razão em pensar que, no que Jones é genuinamente responsável, é *atirar no presidente* ou não. Nosso bom senso parece, nesse caso, apoiar a tese de Frankfurt, mas certamente os incompatibilistas vão querer questionar sua confiabilidade. De nossa parte, nos contentamos em deixar este ponto em aberto.

Outra crítica dos incompatibilistas nos confrontos do exemplo de Frankfurt diz respeito, especificamente, com seu valor em fornecer um argumento contra a incompatibilidade da responsabilidade moral e do determinismo universal. Como David Widerker argumentou, no exemplo de Jones e Black não está claro se Jones, caso tivesse decidido atirar no presidente por sua própria iniciativa, teria sido capaz de agir de maneira diversa, ou não (cf. WIDERKER, 1995, 179 ss.). Isso se dá porque o mecanismo de Black precisa de algum sinal no cérebro de Jones antes de sua decisão para detectar o que Jones decidirá. Um evento no cérebro de Jones pode servir como tal sinal apenas se estiver, de alguma forma, envolvido na produção da decisão de Jones, seja como uma causa dessa decisão ou como um *efeito colateral* da causa dela. Em ambos os casos, este sinal poderia representar, em si, uma causa *determinística* da decisão subsequente de Jones (ou o efeito colateral de uma causa determinística) ou uma causa *indeterminista* (ou o efeito colateral de tal causa). Nesse último caso, Jones poderia ter decidido agir de forma diferente, embora tendo em si o mecanismo de Black. Havia, portanto, uma possibilidade alternativa no último cenário, porque no momento em que o mecanismo podia intervir, faltava uma indicação totalmente confiável da futura decisão de Jones. No outro cenário, porém, essa possibilidade é excluída, porque o sinal é uma causa determinística da decisão de Jones – mas este último caso, para um incompatibilista, implica automaticamente que Jones não seja responsável por esta decisão. O incompatibilista pode, portanto, argumentar que, *se não assumirmos antecipadamente que o incompatibilismo seja falso*, o caso de Frankfurt é ou uma situação em que Jones era capaz de agir de outra forma, ou uma situação em que não está claro que Jones foi o responsável. Nenhuma destas duas situações apresentaria um contraexemplo ao PAP.

No entanto, pode-se pensar que esta resposta dos incompatibilistas não é ainda plenamente satisfatória no contexto da dialética geral do debate contra os compatibilistas. Nesse contexto, o PAP é normalmente utilizado pelos incompatibilistas para mostrar que o determinismo exclui a responsabilidade do indivíduo. Neste contexto, não pode ser legítimo pressupor a verdade do incompatibilismo para responder a um argumento que põe a verdade do PAP em jogo. O incompatibilista não pode usar a incompatibilidade da responsabilidade moral e do determinismo como premissa para defender o PAP, dado que ele quer usar o PAP como base de um argumento a favor do incompatibilismo. Assim, no contexto da avaliação da teoria de Frankfurt, o incompatibilista não pode assumir que se a decisão for causada de forma determinística, Jones não é moralmente responsável por ela.

Uma maneira alternativa e mais fácil para o incompatibilista responder aos casos de Frankfurt, poderia ser aceitar a proposta de Frankfurt em relação às possibilidades alternativas, ou seja, aceitar que a ausência de possibilidades alternativas exclui a responsabilidade moral apenas naqueles casos em que o agente age de uma determinada maneira *apenas porque* não pode agir de outra forma. Se o determinismo é verdadeiro, o incompatibilista poderá argumentar que essa condição adicional é sempre satisfeita, porque o agente age dessa forma justamente porque os eventos anteriores e as leis da natureza o impossibilitam de agir de outra forma.

5.5. O livre-arbítrio e o *novo disposicionalismo*

Como vimos no capítulo 2, um dos desenvolvimentos mais importantes na metafísica dos últimos vinte anos foi o renascimento do estudo dos poderes e das disposições. Esse desenvolvimento na metafísica também teve uma notável influência no debate sobre o livre agir, tanto sobre compatibilistas quanto sobre incompatibilistas, mas vamos nos concentrar aqui apenas no uso dos poderes do primeiro.

A principal atração que a metafísica dos poderes exerce sobre os compatibilistas é que ela permite-lhes explicar o *poderia ter* em afirmações como *poderia ter feito de outra forma* em um sentido bem definido e estabelecido. (Atribuições de poderes e habilidades gerais são bem conhecidas de muitos contextos que nada têm a ver com a questão de livre-arbítrio ou do determinismo, por exemplo, *Lucas pode correr 100 metros em 10 segundos*, ou *Paulo pode bater um home run com facilidade*.) Além disso, atribuições desse tipo são claramente compatíveis com o determinismo universal. Suponhamos, por exemplo, que

(10) Giovanni poderia ter tocado piano ontem à noite

representa a atribuição a Giovanni de uma habilidade geral para tocar piano. Assumir que Giovanni é um pianista talentoso é suficiente para tornar (10) verdadeira. Assim entendido, (10) pode ser verdadeiro sob as condições de um determinismo geral e ainda que as circunstâncias externas, ontem à noite, fossem tais que Giovanni não pudesse exercer sua habilidade geral de tocar o piano (por exemplo, porque onde se encontrava não havia um piano). No entanto, não é plausível que, quando falamos da *capacidade de fazer o contrário*, em relação ao debate sobre o livre-arbítrio e na discussão das precondições da responsabilidade moral, estejamos simplesmente falando sobre a posse de tais habilidades gerais. Parece-nos óbvio que Giovanni não merece nenhuma culpa moral por não ter tocado o piano se a única razão pela qual não o fez foi a falta de oportunidade de tocar porque não havia um piano à mão. Assim, o sentido de *poder fazer o contrário*, que corresponde ao livre-arbítrio e à responsabilidade, deve estar mais intimamente ligado à ocasião particular. Anthony Kenny sugeriu, nesse sentido, que devemos tomá-lo como o *poder* de uma possibilidade *particular*, que combina a posse de um poder com a possibilidade circunstancial de exercê-la (KENNY, 1978, 30). No entanto, que Giovanni *poderia ter agido de outra forma* permanece compatível com o determinismo universal, uma vez que o determinismo universal não teria privado Giovanni de sua capacidade geral de tocar, nem da possibilidade circunstancial de exercer tal capacidade.

Os incompatibilistas, no entanto, insistem em responder que, ao não levar em conta todas as características da situação, a explicação de Kenny sobre o *poder fazer o contrário* exclui, contudo, algo crucial e não transmite totalmente a ideia de que *nas mesmas circunstâncias* Giovanni poderia tocar o piano, mesmo que na verdade não o tenha feito. Em particular, o sentido de *poder agir de outra forma*, que Kenny considera relevante, não inclui os gostos e desgostos do agente. Se Giovanni, naquela noite, teve uma aversão tão forte a tocar que não conseguiu decidir tocar o piano, Kenny acredita que poderia ter tocado de qualquer maneira, porque os desejos e aversões de Giovanni não fazem parte de seus poderes, nem das circunstâncias relevantes. Kenny acredita que esta é uma vantagem de sua proposta (porque torna a capacidade de agir de outra forma compatível com o determinismo) – enquanto os incompatibilistas acreditam que esta seja uma omissão decisiva. Essa insistência, por parte de ambos, reflete a essência do debate entre compatibilistas e incompatibilistas – assim, enquanto os últimos exigem a possibilidade de agir de outra forma nas mesmas circunstâncias, os primeiros *não a podem* fornecer e, sobretudo, consideram-na inútil.

Não é neste contexto que podemos determinar quem está certo ou errado, mas o que mais nos interessa sublinhar é que o trabalho dos compatibilistas não se conclui simplesmente em apontar que a atribuição do poder (ou a atribuição do poder e das oportunidades) é capaz de nos oferecer um sentido bem definido e conhecido do *poder*, segundo o qual afirmações do tipo *poderia ter feito de outra forma* possam ser compreendidas. Os compatibilistas devem também demonstrar que é esse sentido de *poder* que é central para o debate sobre livre-arbítrio e responsabilidade moral – um ponto que, dada a variedade dos sentidos possíveis de poder, não é de forma alguma óbvio (cf. WHITTLE, 2010).

Também é verdade, entretanto, que a mudança para *possibilidades particulares*, no sentido de Kenny, pode ser insuficiente por outras razões. Com efeito, concentrar-se apenas em possuir habilidade e oportunidade de tocar piano exclui diversas condições que podem me impedir de tocá-lo, enfraquecendo assim, minha liberdade e responsabilidade moral. Tais condições são representadas, em particular, por vícios da minha vontade: eu poderia, por exemplo, não poder tocar piano porque sofro de uma agorafobia terrível e o único instrumento disponível encontra-se em uma praça pública, ou poderia ser um toxicodependente que, nesse preciso momento, precisa tomar sua dose da droga e, portanto, não é capaz de fazer nenhuma outra coisa. Se a liberdade é incompatível com tais defeitos da vontade, então uma teoria da liberdade deverá descartar casos como esses. Como excluí-los? Por exemplo, pode-se assumir uma metacapacidade de reconhecer e responder corretamente às razões ou ao que se considera certo (uma *reasons-responsiveness*, como a supõem FISCHER; RAVIZZA, 1998) que se deve possuir para ser considerado livre e capaz de agir em modo alternativo. Tal capacidade implicaria que o agente seja capaz de registrar as características relevantes de uma situação; que ele seja capaz de julgar qual curso de ação é adequado ou melhor; e, com base nessas avaliações, decidir como agir. Com a inclusão de tal capacidade entre as condições para a liberdade, poderíamos justificar nosso julgamento a respeito da falta de liberdade e responsabilidade em casos como os da agorafobia ou do toxicodependente, que se caracterizam pelo fato de que, devido a suas fobias ou vícios, esses agentes não possuem seja uma compreensão adequada de sua própria situação e de como seria bom agir, seja a capacidade de agir em conformidade.

Assumir tal metacapacidade adicional também não seria nem mesmo completamente *ad hoc*, pois, ao menos na forma de uma capacidade geral, sua posse já é exigida para a responsabilidade em muitos contextos, por exemplo em tantos sistemas de direito penal em que aqueles considerados incapazes de entender que suas ações estão erradas, ou que não tenham capacidade de tomar suas próprias decisões com base em tais julgamentos – como, por exemplo, as crianças – estão excluídos desse âmbito.

Obviamente isso deixa ainda várias outras questões sem solução, como, por exemplo, que tipo preciso de capacidade essa metacapacidade representa. Porém, essas são perguntas que não podemos responder neste contexto.

O recurso aos poderes não só serviu para introduzir um novo sentido de *poder* no debate sobre o livre-arbítrio, mas também gerou uma nova e muito interessante resposta aos casos de Frankfurt contra o PAP. (Ironicamente) alguns compatibilistas observaram que o recurso aos poderes oferece novas opções para defender o PAP (por exemplo, SMITH, 2004; FARA, 2008); no entanto, esses mesmos compatibilistas continuaram a discussão oferecendo uma análise *compatibilista* do PAP! Como vimos no capítulo 2, na discussão do realismo sobre os poderes, os casos dos chamados informantes (*finks*), desenvolvidos pela primeira vez por Charles Burton Martin, foram de grande importância. Nesses casos, o estímulo de uma disposição conduziria igualmente à sua perda, mas a disposição continua a ser possuída desde que o estímulo não ocorra. (No exemplo de Martin, a presença do informante não torna o próprio fio, por si mesmo, incapaz de conduzir eletricidade, mesmo que o fio se tornasse incapaz de conduzi-la se tocado por um condutor, pois nesse caso o informante interromperia o fluxo de eletricidade no cabo.)

Como alguns filósofos apontaram, os casos dos informantes podem nos ajudar a refletir sobre os casos de Frankfurt. Pode-se perguntar se Jones, no caso original de Frankfurt, tem o poder de agir de forma diferente (ou seja, o poder de decidir não matar o presidente), e supor que o estímulo desse poder seja que Jones não queira matar o presidente. Nesse caso, seu poder de decidir diversamente é o seu poder de não matar o presidente se ele não quiser matá-lo. Este poder não é perdido devido à presença do mecanismo de Black, mas o mecanismo de Black atua como um informante. Assim como no caso de Martin, o mecanismo de Black seria ativado pelo estímulo do poder de Jones para decidir não matar o presidente (ou seja, pela vontade de Jones de decidir dessa maneira). Então, uma vez que o mecanismo registra que Jones prefere não matar o presidente, ele o impede de tomar a decisão de não atirar no presidente, removendo seu poder de decidir nesse sentido. No entanto, enquanto esse mecanismo não é ativado (porque Jones não mostra uma preferência do gênero), permanece intacto o poder de Jones para decidir não matar o presidente. Portanto, se interpretarmos o *ele pode agir de outra forma*, que aparece no PAP como atribuindo um poder a Jones, os casos de Frankfurt não são necessariamente contraexemplos do PAP, porque podem ser interpretados como casos em que, mesmo havendo um informante, o poder de Jones de fazer o contrário não é eliminado.

Há uma outra maneira em que o interesse renovado na metafísica dos poderes impactou a discussão PAP, que gostaríamos de colocar em evidência. O recurso aos poderes permite a restrição do PAP aos casos de ofensa moral que discutimos brevemente na Sessão 5.3. Como vimos naquele contexto, os casos de *santos morais* sugerem que, embora as possibilidades alternativas podem ser necessárias em relação à responsabilidade moral nos casos de ofensa moral, quando, ao contrário, um agente faz a coisa moralmente certa, sua incapacidade de fazer a coisa errada não deveria em caso algum excluir a sua responsabilidade. A assimetria sugerida por nossa avaliação intuitiva desses casos pode ser explicada de forma mais sistemática quando entendemos o *poderia fazer de outra forma* no PAP em termos de capacidades ou de poderes do agente. A assimetria resulta do fato de que a posse de uma capacidade de fazer X é assimétrica em relação à possibilidade de fazer X e à possibilidade de não fazer X. Da minha própria posse da capacidade de fazer X já resulta – em um sentido de *possibilidade* – tal, que é possível que eu faça X. Se isso está implícito no fato de que eu possuo essa habilidade, o possuir tal habilidade de fazer X não implica da mesma forma que seja também possível que eu possa falhar em fazer X. Imaginemos, por exemplo, que eu seja extremamente bom em fazer X ou que, em certa ocasião, seja tão fácil para mim fazer X que não posso falhar. (Pense-se, por exemplo, na minha capacidade de somar 2 + 2 corretamente: como *poderia* cometer erros enquanto possuo essa habilidade?) Então, como vimos anteriormente, entre a capacidade que um agente precisará para ser responsabilizado por uma ação não estarão apenas as habilidades de realizar tipos específicos de ações, mas também uma espécie de metacapacidade de responder de forma adequada às razões e às considerações relevantes da situação. Responder de modo justo a razões morais significa agir corretamente do ponto de vista moral. Portanto, quando agi errado do ponto de vista moral, ter a capacidade de responder de modo justo às relevantes razões é uma pré-condição para a responsabilidade moral e garante que eu poderia ter agido de maneira diferente do que agi – ou seja, de maneira moralmente correta. Assim, em ações moralmente erradas, é a posse da capacidade de responder às razões relevantes da maneira certa o que implica automaticamente que eu poderia agir de outra forma em relação a como agi. Inversamente, se eu já agi com justiça, então já fiz *o que* a minha capacidade de responder com justiça às razões morais – ou seja, a capacidade que devo possuir para ser livre e responsável – me dispôs. Não se segue disso que eu poderia ter agido de outra forma. Isso nos fornece uma explicação mais sistemática da diferença intuitiva entre os casos de ofensas morais e os *santos morais* que consideramos anteriormente (sobre isso, cf. também WOLF, 1990; NELKIN, 2011).

O *novo disposicionalismo* mostrou-se, assim, capaz de influenciar significativamente o debate sobre o livre-arbítrio, fornecendo aos incompatibilistas uma nova resposta aos casos de Frankfurt para defender o PAP e, ao mesmo tempo, sugerindo uma restrição daquele princípio e uma interpretação compatibilista da frase *eu poderia ter feito de outra forma*. Permanecem abertas, no entanto, como vimos, importantes questões que estamos longe de ter resolvido, relativas, por exemplo, à natureza dos poderes envolvidos e à questão do porquê o sentido de *poder* que corresponde à posse de uma capacidade, seria o sentido relevante para o livre-arbítrio.

5.6. Conclusões

O problema do livre-arbítrio é um dos mais conhecidos e mais intensamente discutidos na metafísica. Como vimos neste capítulo, não é apenas importante em si mesmo, mas é também um problema para o qual convergem muitos outros – por exemplo, aqueles relativos à causalidade e à modalidade. Nesse capítulo, examinamos o debate entre compatibilistas e incompatibilistas e vimos como desenvolvimentos recentes em outros campos da metafísica podem nos ajudar a superar alguns pressupostos centrais, porém problemáticos, no debate tradicional sobre o livre-arbítrio, e a entender melhor a relação entre o livre-arbítrio e responsabilidade moral.

Conclusões

Há progresso na metafísica? Deixamos a resposta ao leitor!

Panorama vertical das escadas de Domplatz, n. 4, Bezirkshauptmannschaft, Feldkirch.

Bibliografia

Annas, Julia. Aristotle on inefficient causes. *Philosophical Quarterly*, v. 32 (1982) 311-326.

Anscombe, Gertrude Elizabeth M. Causality and determination. In: Sosa, Ernest; Tooley, Michael (ed.). *Causation*. Oxford: Oxford University Press, 1993, 88-104.

Aristotele. *Le Categorie*. Zanatta, Marcello (ed.). Milano: BUR, 1989. [Trad. bras.: *Categorias*. São Paulo: Unesp, 2018.]

____. *Topici*. In: ____. *Opere*. v. 2. Roma-Bari: Laterza, 1994. [Trad. bras.: *Tópicos*. In: *Órganon*. São Paulo: Edipro, 2016.]

____. *Fisica*. Zanatta, Marcello (ed.). Torino: UTET, 1999. [Trad. port.: *Física*. Lisboa: 70, 2023.]

____. *Metafisica*. Reale, Giovanni (ed.). Milano: Bompiani, 2000. [Trad. bras.: *Metafísica*. São Paulo: Loyola, 2002.]

____. *Analitici secondi*. Mignucci, Mario (ed.). Roma-Bari: Laterza, 2007a. [Trad. bras.: *Analíticos posteriores*. In: *Órganon*. São Paulo: Edipro, 2016.]

____. *De Anima*. In: ____. *Opere*, v. 4. Russo, Antonio; Laurenti, Renato (ed.). Roma-Bari: Laterza, 2007b. [Trad. bras.: *Da Alma. De Anima*. São Paulo: Edipro, 2011.]

Armstrong, David Malet. *A world of States of Affairs*. Cambridge: Cambridge University Press, 1997.

BAKER, Lynne Rudder. Metaphysics and mental Causation. In: HEIL, John; MELE, Alfred R. (eds.). *Mental causation*. Oxford: Oxford University Press, 1993, 75-96.

BIRD, Alexander. *Nature's metaphysics. Laws and properties*. Oxford: Oxford University Press, 2007.

BLACK, Max. The identity of indiscernibles. *Mind*, v. 61 (1952) 153-64.

BRADLEY, Francis Herbert. *Appearance and reality*. London: Swan Sonnenschein, 1893.

CAMPBELL, Keith. *Abstract Particulars*. Oxford: Blackwell, 1990.

CHARLES, David. *Aristotle's philosophy of action*. London: Duckworth, 1984.

CHISHOLM, Roderick M. Human Freedom and the Self [1. ed. 1964]. In: WATSON, Gary (ed.). *Free will*. Oxford: Oxford University Press, ²2003, 26-37.

____. *Person and object*. La Salle (IL): Open Court, 1976.

CLARKE, Randolph. Agent causation and event causation in the production of free action. *Philosophical topics*, v. 24 (1996) 19-48.

DESCARTES, René. *Principia philosophiae*. In: ____. *Oeuvres de Descartes VIII-1*. ADAM, Charles; TANNERY, Paul (ed.). Paris: Librairie Philosophique J. Vrin, 1982. [Trad. bras.: *Princípios de filosofia*. São Paulo: Rideel, 2005.]

ESFELD, Michael. Quantum entanglement and a metaphysics of relations. *Studies in history and philosophy of modern physics*, v. 35b (2004) 601-617.

FARA, Michael. Masked abilities and compatibilism. *Mind*, v. 117 (2008) 843-865.

FINE, Gail. Immanence. *Oxford studies in ancient philosophy*, v. 4 (1986) 71-97.

FINE, Kit. Essence and modality. *Philosophical perspectives*, v. 8 (1994) 1-16.

____. Things and their parts. *Midwest studies in philosophy*, v. 23 (1999) 61-74.

____. Neutral relations. *Philosophical review*, v. 109 (2000) 1-33.

FISCHER, John Martin; FAVIZZA, Mark. *Responsibility and control*. A theory of moral responsibility. Cambridge: Cambridge University Press, 1998.

FRANKFURT, Harry G. Alternate possibilities and moral responsibility. *Journal of philosophy*, v. 66 (1969) 829-839. In: WATSON, Gary (ed.). *Free will*. Oxford: Oxford University Press, ²2003, 167-176.

FREDE, Michael. The original notion of cause. *Essays in ancient philosophy*. Minneapolis: University of Minnesota Press, 1978, 125-150.

GOODMAN, Nelson. *Facts, fiction and predictions*. Cambridge: Harvard University Press, 1983.

HARRÉ, Rom; MADDEN, Edward H. *Causal powers. Theory of natural necessity*. Oxford: Blackwell, 1975.

HAWTHORNE, John; MANLEY, David. Review of Stephen Mumford, Dispositions. *Nous*, v. 39 (2005) 179-195.

HEIL, John. *From an ontological point of view*. Oxford: Clarendon Press, 2003.

____. *The universe as we find it*. Oxford: Clarendon Press, 2012.

HOBBES, Thomas. *Leviathan*. Cambridge: Cambridge University Press, 1991. [Trad. bras.: *Leviatã*. São Paulo: Martins Fontes, 2019.]

HUME, David. *Enquiries concerning human understanding and concerning the principles of morals*. SELBY-BIGGE, Sir Lewis Amherst.; NIDDITCH, Peter Harold (ed.). Oxford: Oxford University Press, 31974. [Trad. bras.: *Investigações sobre o entendimento humano e sobre os princípios da moral*. São Paulo: Unesp, 2003.]

____. *A treatise of human nature*. In: SELBY-BIGGE, Sir Lewis Amherst.; NIDDITCH, Peter Harold (ed.). Oxford: Oxford University Press, ²1978. [Trad. bras.: *Tratado da natureza humana*. São Paulo: Unesp, ²2009.]

HUMPHREYS, Paul. How properties emerge. *Philosophy of science*, v. 64 (1997) 1-17.

JAWORSKI, William. *Structure and the metaphysics of mind. How hylomorphism solves the mind-body problem*. Oxford: Oxford University Press, 2016.

KANE, Robert. *The significance of free will*. Oxford: Oxford University Press, 1996.

KANT, Immanuel. *Kritik der reinen Vernunft*. Riga: Johann Friedrich Hartknoch, 1781. [Trad. bras.: *Crítica da razão pura*. São Paulo: Abril, ²1983. Col. Os pensadores.]

KENNY, Anthony. *Free will and responsibility*. London: Routledge-Kegan Paul, 1978.

KIM, Jaegwon. Causes and counterfactuals. In: SOSA, Ernest; TOOLEY, Michael. (ed.). *Causation*. Oxford: Oxford University Press, 1993, 205-207.

____. *Mind in a physical world*. Cambridge: Cambridge University Press, 1998.

KMENT, Boris. Varieties of modality. In: ZALTA, Edward N. (ed.). *The Stanford Encyclopedia of Philosophy*. 2017. Disponível em: <https://plato.stanford.edu/archives/spr2017/entries/modality-varieties/>.

Koons, Robert. Staunch vs. Faint-Hearted hylomorphism. Toward an aristotelian account of composition. *Res Philosophica*, v. 91 (2014) 151-178.

Koslicki, Kathrin. *The structure of objects*. Oxford: Oxford University Press, 2008.

Kripke, Saul A. *Naming and necessity*. Cambridge (MA): Harvard University Press, 1980.

____. Identity and Necessity. In: Kim, Jaegwon; Sosa, Ernest (ed.). *Metaphysics. An anthology*. Oxford: Blackwell, 1995, 72-89.

Ladyman, James; Ross, Don. *Every thing must go. Metaphysics naturalized*. Oxford: Oxford University Press, 2007.

Lehrer, Keith. Cans without Ifs. *Analysis*, v. 29 (1968) 29-32.

Lewis, David K. *Counterfactuals*. Cambridge (MA): Harvard University Press, 1973.

____. Are we free to break the laws? [1. ed. 1981]. In: Watson, Gary (ed.). *Free will*. Oxford: Oxford University Press, ²2003, 122-129.

____. *On the plurality of worlds*. Oxford: Basil Blackwell, 1986a.

____. *Philosophical papers*. v. II. Oxford: Oxford University Press, 1986b.

____. Finkish Dispositions. *Philosophical quarterly*, v. 47 (1997) 143-158.

____. Causation as influence (unabridged version). In: Collins, John; Hall, Ned; Paul, Laurie A. (ed.). *Causation and counterfactuals*. Cambridge (MA): MIT Press, 2004, 75-106.

Locke, John. *An essay concerning human understanding*. Oxford: Oxford University Press, 1975. [Trad. bras.: *Ensaio sobre o entendimento humano*. São Paulo: Martins Fontes, 2012.]

Lowe, Edward Jonathan. *Subjects of experience*. Cambridge: Cambridge University Press, 1996.

____. *Survey of metaphysics*. Oxford: Oxford University Press, 2002.

____. A neo-aristotelian substance ontology. Neither relational nor constituent. In: Tahko, Tuomas E. (ed.). *Contemporary aristotelian metaphysics*. Cambridge: Cambridge University Press, 2012.

Mackie, John Leslie. *The Cement of the Universe*: A Study on Causation. Oxford: Clarendon Press, 1974.

____. Causes and conditions. In: Sosa, Ernest; Tooley, Michael (ed.). *Causation*. Oxford: Oxford University Press, 1993, 33-55.

Mackie, Penelope. *How things might have been. Individuals, kinds, and essential properties*. Oxford: Clarendon Press, 2006.

Marmodoro, Anna. The union of cause and effect in Aristotle Physics III 3. *Oxford studies in ancient philosophy*, v. 32 (2007) 205-232.

____. Aristotle's hylomorphism without reconditioning. *Philosophical inquiry*, v. 37 (2013) 5-22.

____. *Aristotle on perceiving objects*. Oxford: Oxford University Press, 2014.

____. Aristotelian powers at work. Reciprocity without symmetry in causation. In: Jacobs, Jonathan D. (ed.). *Causal powers*. Oxford: Oxford University Press, 2017.

____.; Yates, David. *The metaphysics of relations*. Oxford: Oxford University Press, 2016.

Martin, Charles B. Power for realists. In: Cambell, Keith; Bacon, John; Reinhardt, Lloyd (ed.). *Ontology, causality, and mind. Essays in honour of D. M. Armstrong*. Cambridge: Cambridge University Press, 1993, 175-186.

____. Dispositions and conditionals. *Philosophical quarterly*, v. 44 (1994) 1-8.

____.; Heil, John. The ontological turn. *Midwest studies in philosophy*, v. 23, n. 1 (1999), 34-60.

Mayr, Erasmus. *Understanding human agency*. Oxford: Oxford University Press, 2011.

Menzel, Christopher. Counterfactual Theories of Causation. In: Zalta, Edward N. (ed.). *The Stanford encyclopedia of philosophy*. 2014. Disponível em: <http://plato.stanford.edu/archives/spr2014/entries/causation-counterfactual/>. Acesso em: 06 dez. 2016.

____. Possible worlds. In: Zalta, Edward N. (ed.). *The Stanford encyclopedia of philosophy*. 2016. Disponível em: <http://plato.stanford.edu/archives/fall2016/entries/possible-worlds/>. Acesso em 06 dez. 2016.

Molnar, George. *Powers. A study in metaphysics*. Oxford: Oxford University Press, 2003.

Moore, George Edward. *Ethics*. London: Oxford University Press, 1912.

Mumford, Stephen. Passing powers around. *The Monist*, v. 92 (2009) 94-111.

____.; Anjum, Rani Lill. *Getting causes from Powers*. Oxford: Oxford University Press, 2011.

Nelkin, Dana Kay. *Making sense of freedom and responsibility*. Oxford: Oxford University Press, 2011.

O'Connor, Timothy. *Persons & causes. The metaphysics of free will*. Oxford: Oxford University Press, 2000.

____. Agent-causal power. In: HANDFIELD, Toby. (ed.). *Dispositions and causes*. Oxford: Clarendon Press, 2009, 189-214.

PLANTINGA, Alvin. Actualism and possible worlds. In: LOUX, Michael J. (ed.). *The Possible and the actual. Readings in the metaphysics of modality*. London: Cornell University Press, 1979, 253-273.

____. Modalities. Basic concepts and distinctions. In: KIM, Jaegwon; SOSA, Ernest (ed.). *Metaphysics. An anthology*. Oxford: Blackwell, 1999, 135-148.

POLLOCK, John L. *Subjunctive reasoning*. Dordrecht: Reidel, 1976.

QUINE, Willard van Orman. Identity, Ostension and Hypostasis. In: ____. *From a logical point of view*. Cambridge (MA): Harvard University Press, 1953a, 65-79. [Trad. bras.: *De um ponto de vista lógico*. São Paulo: Unesp, 2011.]

____. Reference and modality. In: ____. *From a logical point of view*. Cambridge (MA): Harvard University Press, 1953b, 139-160. [Trad. bras.: *De um ponto de vista lógico*. São Paulo: Unesp, 2011.]

____. *Word and object*. Cambridge: MIT Press, 1960. [Trad. bras.: *Palavra e objeto*. Petrópolis: Vozes, 2010.]

RAPP, Christof. *Metaphysik*. München: C. H. Beck, 2016.

REA, Michael. Hylomorphism reconditioned. *Philosophical perspectives*, v. 25 (2011) 341-358.

RUSSELL, Bertrand. *The principles of mathematics*. Cambridge: Cambridge University Press, 1903.

____. *The problems of philosophy*. Oxford: Oxford University Press, 1912. [Trad. port.: *Os problemas da filosofia*. Lisboa: 70, 2019.]

RYLE, Gilbert. *The concept of mind*. London: Penguin, 1949a.

____. Meaning and necessity, *Philosophy*, v. 24 (1949b) 69-76.

SCHAFFER, Jonathan. The metaphysics of causation. In: ZALTA, Edward N. (ed.). *The Stanford encyclopedia of philosophy*. 2007. Disponível em: <http://plato.stanford.edu/archives/win2007/entries/causation-metaphysics/>. Acesso em: 06 dez. 2016.

SIDER, Theodore. *Four-dimensionalism. An ontology of persistence and time*. Oxford: Oxford University Press, 2001.

SMITH, Michael. A theory of freedom and responsability. In: SMITH, Michael. *Ethics and the a priori. Selected essays on moral psychology and metaethics*. Cambridge: Cambridge University Press, 2004.

Sorabji, Richard. *Necessity, cause and blame. Perspectives on Aristotle's theory*. London: Duckworth, 1980.

Strawson, Peter Frederick. *Individuals*. London: Methuen, 1959. [Trad. bras.: *Indivíduos. Um ensaio sobre a metafísica descritiva*. São Paulo: Unesp, 2019.]

Trópos. In: Ferreira, Aurélio Buarque de Holanda (ed.). *Novo Dicionário Aurélio*. Rio de Janeiro: Nova Fronteira, 1975, 1415.

Van Inwagen, Peter. *An essay on free will*. Oxford: Clarendon Press, 1983.

____. An argument for incompatibilism. In: Watson, Gary (ed.). *Free will*. Oxford: Oxford University Press, ²2003, 38-57.

Vetter, Barbara. *Potentiality. From dispositions to modality*. Oxford: Oxford University Press, 2015.

Vihvelin, Kadri. *Causes, laws, and free will. Why determinism doesn't matter*. New York: Oxford University Press, 2013.

Waterlow, Sarah. *Nature, change, and agency in Aristotle's physics*. Oxford: Oxford University Press, 1982.

Whittle, Ann. Dispositional abilities. *Philosophers' imprint*, v. 10 (2010) 1-23.

Widerker, David. Libertarianism and Frankfurt's Attack on the Principle of Alernative Possibilities [1. ed. 1995]. In: Watson, Gary (ed.). *Free will*. Oxford: Oxford University Press, ²2003, 177-189.

Wiggins, David. *Sameness and substance renewed*. Cambridge: Cambridge University Press, 2001.

Wolf, Susan. *Freedom within reason*. Oxford: Oxford University Press, 1990.

Yablo, Stephen. Mental causation. *Philosophical review*, v. 101 (1992) 245-280.

Edições Loyola

editoração impressão acabamento

Rua 1822 nº 341 – Ipiranga
04216-000 São Paulo, SP
T 55 11 3385 8500/8501, 2063 4275
www.loyola.com.br